FRITZ KRÖGER

Intelligenz jenseits der Logik – die anderen 80 Prozent

Warum wir wohlhabend, aber unglücklich sind

EDITION ESTRANY

Intelligenz jenseits der Logik – die anderen 80 Prozent
Warum wir wohlhabend, aber unglücklich sind
Originalausgabe, 2021

Autor: Dr. Fritz Kröger
Herausgeber: Edition Estrany
Lückhoffstraße 19, 14129 Berlin
www.edition-estrany.com

Lektorat, Produktion: Caroline Helbing
Cover, Grafikdesign, Layout: Carmen Fuchs
Druck: IngramSpark & Lightning Source Inc, LaVerne, Tennessee, USA
ISBN: 978-3-9822691-1-5

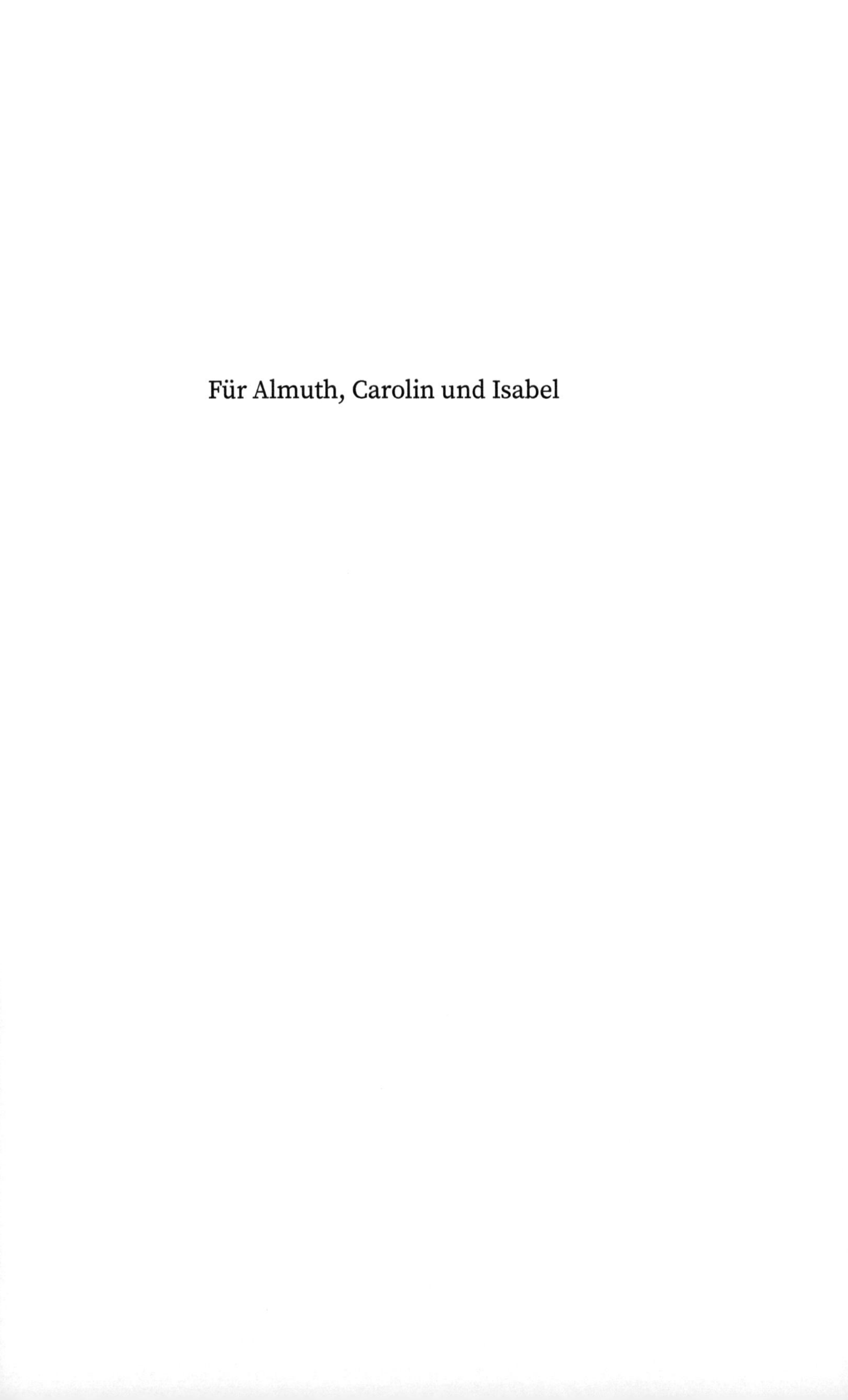

Für Almuth, Carolin und Isabel

INHALT

VORWORT

Nach 32 Jahren im Top-Management-Consulting weltweit in allen wesentlichen Industrieländern, zahllosen Gesprächen mit Führungskräften aller Ebenen und dies alles während eines beispiellosen Wohlstandsanstiegs der gesamten Weltwirtschaft – bleibt ein diffuses Störgefühl; die Empfindung, dass etwas grundlegend falsch läuft mit den Grundparametern unserer Zivilisation, unserer Kultur.

Unser kaum gezügelter Materialismus produziert immer neue Höchstgrade des Wohlstands und des Reichtums. Der Weltmittelstand – derzeit 1 Mrd. Menschen von 7,5 Mrd. insgesamt – wird sich in den kommenden 20 Jahren vervierfachen. Derzeit sterben mehr Menschen an Übergewicht als an Unterernährung. Und dabei beschleunigt sich die Zerstörung der Umwelt, unserer Lebensgrundlage, in beängstigendem Maße. Die Faszination der Möglichkeiten des wissenschaftlichen/wirtschaftlichen Fortschritts verstellt den Blick auf die Folgewirkung unseres Wohlstandsrausches und auf die Verantwortung fürs gemeinsame Ganze.

Im Luxus und bildhaft im „Überkonsum", im Ressourcenverbrauch über die Bedarfe hinaus, wird immer deutlicher, dass individuelles Glück nur sehr begrenzt vom Wohlstandsniveau abhängig ist. „Geld macht nur bis zu einem gewissen Grad glücklich." Dann wird es zum Teil sogar degressiv. Wie sonst ist es zu erklären, dass die reichsten Nationen der Welt, die USA und die Schweiz, die höchste Psychiater-Quote pro Kopf der Bevölkerung aufweisen?

Die Art und Weise, wie derzeit weit überwiegend die Holzernte im Wald erfolgt, mag als Paradebeispiel für unsere allgemein gültige Einstellung und Vorgehensweise dienen:

Alle 70 bis 80 Jahre bei „Hiebreife" wird ein Wald insgesamt im Kahlschlag geerntet: Alle Bäume werden vom Harvester, einem 20 - 72 Tonnen schweren Fälltraktor, abgesägt, entastet und auf gleiche Länge geschnitten. Das geht sehr schnell und sehr kostengünstig. Nur: der Harvester fährt alle 20 Meter auf einer Rückegasse in den Wald zu den Bäumen und verdichtet, „quetscht", dabei den Waldboden wegen des hohen Eigengewichts zu beiden Seiten seiner Spur – sodass nach der Ernte circa 40 Prozent des Waldbodens verdichtet und nachhaltig geschädigt sind, und somit noch sehr viele Jahre später – „bis zur nächsten Eiszeit" – nur deutlich geringere Erträge bringen können. Der Kahlschlag schaltet jählings sämtliche baumbezogene, vegetative Prozesse oberhalb und unterhalb der Grasnarbe ab, mit fatalen Folgen für die unzähligen Lebewesen und Organismen im bis zu sechs Meter tiefen, sehr empfindlichen Waldboden. Es bleibt das Bild einer totalen Verwüstung.

Und das alles nur, um einen kurzfristigen Kostenvorteil zu erzielen.

In vergleichbarer Weise gehen wir mit unserer Physis, Psyche, unserer Fauna und Flora und unserem Planeten um.

Dieses Störgefühl war der Anlass, mich mit den Ursachen dieser Entwicklung zu befassen.

1.

DAS LOGISCHE DENKEN UND DIE ANDEREN POTENZIALE

„Intelligenz ist Logik, also die Fähigkeit, logisch zu denken“, dies ist die allgemein herrschende Überzeugung, mit der man in Diskussionen regelmäßig konfrontiert wird. Das logische Denken ist in seinem Ansehen so dominant, die logische Durchdringung des geistigen und intellektuellen Lebens so konsequent und die Akzeptanz in der öffentlichen Meinung so breit, dass Intelligenz generell gleichgesetzt wird mit der Fähigkeit zum logischen Denken.

Und diese Prägung oder geradezu „Gehirnwäsche“ während der gesamten Erziehung war und ist so erfolgreich, dass man allgemein als zurückgeblieben oder einfältig erklärt wird, sollte man diesen Stellenwert der Logik hinterfragen. Schon sich auf die Intuition zu berufen, wird regelmäßig belächelt. Jedoch: Sind die astronomischen Theorien der Maya, die Geistheilung der Schamanen, die quantentheoretischen Deutungen der indischen Veden oder das telepathische dritte Auge des Horus der alten Ägypter alles nur bloße Fantasien unterentwickelter Völker?

Anlässlich des Jahreskongresses 2019 einer Vereinigung von Hochbegabten (IQ über 130) hielt ich einen Vortrag mit dem Titel „Intelligenz jenseits der Logik – die anderen 80 Prozent“. Die Diskussion verlief erwartungsgemäß hoch kontrovers – es ging schließlich um das Selbstverständnis der Zuhörer –, als ein Professor einer deutschen Exzellenzuniversität um das Wort bat und folgendes Gedicht vortrug:

„Was wir von Geistern und Schamanen
und von des Urwalds Heilkraft ahnen,
ist nichts, was unser Kopf erfasst,
weil´s nicht in unser Weltbild passt“.

Was sollte er hiermit gemeint haben? Dass unser gesamtes Weltbild vollständig von der Logik beherrscht ist?

Die Logik steht in ihrer Bedeutung und ihrem Stellenwert so außer Frage, dass sämtliche Schwächen, Begrenzungen und Einseitigkeiten, dysfunktionalen Nebenerscheinungen und Konsequenzen entweder völlig außer Acht gelassen oder bewusst oder unbewusst in Kauf genommen werden. Die folgenden vier Beispiele zeigen, dass dies nicht zufriedenstellend ist.

Logisches Denken ist nur eine der messbaren Aktivitäten des menschlichen Gehirns.

Der Ausschließlichkeitsanspruch ist schon rein gehirnphysiologisch wenig begründet. Das Gehirn besteht bekanntlich aus drei verschiedenen Gehirnen: dem Kleinhirn, dem Mittelhirn und dem Großhirn. Logisches Denken erfolgt primär in der linken Hälfte des Großhirns.

Die unterschiedlichen Zustände des Gehirns schwingen in fünf verschiedenen Frequenzbändern oder Gehirnwellen: Alpha, Beta, Gamma, Delta und Theta. Das logische Denken erfolgt ausschließlich im Bereich der Beta-Schwingungen.

Seit Entdeckung der Quantenphysik um 1900 ist nun bekannt, dass es insbesondere hinsichtlich der festfundieren Naturwissenschaften „keinen sicheren Ausgangspunkt gibt, von dem aus Wege in alle Gebiete der Erkenntnis führen".[1]

Damit stehen der größere Teil des Gehirns sowie der überwiegende Teil der Gehirnschwingungen ebenfalls für intelligentes Denken zur Verfügung und dem Kernbereich der Logik, den Naturwissenschaften, ist das Fundament für den Ausschließlichkeitsanspruch auf intelligentes Denken entzogen.

1 Heisenberg, Werner: *Das Naturbild der heutigen Physik*, Hamburg 2018, S. 12 ff.

Der Materialismus ist eine Folge der Logik.

Die Überprüfbarkeit logischer Wahrheiten ist an die Realität, an die Materie gebunden. Dies hat die Materie derart ins Zentrum der Aufmerksamkeit gerückt, dass wir allgemein von „Materialismus" sprechen. Was nicht anhand der Materie bewiesen werden kann, gibt es aus Sicht der Logik schlichtweg nicht. Die Fokussierung auf die Materie hat zu einer nahezu flächendeckenden, materialistischen Ausrichtung des westlichen Denksystems geführt. Und das tägliche Streben nach immer mehr materiellem Besitz ist letztendlich eine Hauptursache unserer Umweltmisere, die es uns bis heute nicht gelingt zu beheben.

Logik begrenzt das Denken.

Logisches Denken erfolgt primär innerhalb geschlossener Theorien: Logisch wahre Schlüsse sind nur anhand von empirisch bewährten Obersätzen möglich. Ein System von solchen Obersätzen bildet eine Theorie. Logisches Schließen ist nur innerhalb solcher geschlossenen Systeme möglich und daher so zu praktizieren. Denken außerhalb dieser Systeme ist unwahr und daher „falsch". Dadurch führt die Logik zu einer Disziplinierung und auch einer Begrenzung des Denkens. Daher ist logisches Denken unkreativ. Schon Aristoteles sagte: „Alles Neue kommt von Altem."[2]

Logik setzt die Kraft von Gefühlen und Emotionen herab, ebenso die Bedeutung von Analogien, Fantasien, Visionen und Träumen. Dies scheint unplausibel, da die Logik nur einen begrenzten Teil des Gehirns beansprucht, und zumal unser geradezu explodierender Fortschritt immer neue kreative Ideen erfordert.

2 Aristoteles zitiert bei de Bono, Edward: *I am Right, You are Wrong: From this to the New Renaissance: from Rock Logic to Water Logic*, 1990, S. 7.

Logik polarisiert.

Die Logik unterscheidet sehr eindeutig zwischen wahr und unwahr: Eine Aussage ist in Übereinstimmung mit dem bewährten Obersatz oder nicht. Ja oder nein, passend oder unpassend, schwarz oder weiß, dazugehörig oder nicht dazugehörig – dazwischen gibt es nichts. Und wenn Wahrscheinlichkeiten bestimmt werden, dann sind diese kardinal zu messen. Dies mag in den Naturwissenschaften so etabliert sein, in den Humanwissenschaften und im zwischenmenschlichen Bereich bewegt sich die Wahrheit eher in Graustufen. Etwas trifft mehr oder weniger zu, ist eher das Eine oder das Andere. Der zweifelsfrei überragende Erfolg der Naturwissenschaften hat jedoch dazu geführt, dass diese Eindeutigkeit der Unterscheidung in nur zwei Kategorien auch auf alles andere, auf alle Lebensbereiche übertragen wurde. Das gesamte Leben wird als weitgehend polarisiert begriffen. Alles ist in zwei Bereiche, in zwei Kategorien aufgeteilt, was zu einer tiefgreifenden Desintegration der Gesellschaft geführt hat und infolgedessen zu einer ausgeprägten Streitkultur. Nicht durch Zufall ist in den USA, einer ausgeprägten Logik- und Materialismuskultur, die Dichte von Rechtsanwälten pro Einwohner 1:400 und in Japan, einer ausgeprägten Harmoniekultur, 1:9000. Es lässt sich zudem argumentieren, dass der Dialektikentwurf von Friedrich Hegel sowie der dialektische Materialismus von Karl Marx letztendlich auf die Polarisierungsmaxime der Logik zurückzuführen ist.[3]

Der Erfolg der Logik ist unbestreitbar. Die Logik und die darauf basierenden Erfolge in den Naturwissenschaften sind eine der zentralen Ursachen für den wissenschaftlichen, wirtschaftlichen und darauf aufbauend den politischen Aufstieg der westlichen Industrienationen und ihre weltpolitische Dominanz. Dieser Aufstieg begann mit dem Aufbrechen der alles beherrschenden Dogmatik der christlichen Kirche im Zuge der Reformation 1580 und dann der Renaissance und den Philosophieentwürfen von Newton

3 De Bono: Siehe oben, S. 181.

und Descartes[4], die wiederum die Urzelle des Aufstiegs der Naturwissenschaften waren. Der überragende Erfolg in den Naturwissenschaften hat allerdings dazu geführt, dass die Denkprinzipien der Logik eine „Logisierung“ und „Rationalisierung“ im Sinne einer Vernunftorientierung sowie einer „Mechanisierung“ der Humanwissenschaften wie beispielsweise der Medizin und des gesamten humanen und sozialen Lebens nach sich zogen.

Darüber hinaus hat die logische Denkweise zu einer Reihe von weiteren westlichen Denkdogmen geführt, die die Kognitionswelt nachhaltig und mit weitreichenden Konsequenzen prägten.

Trennung von Geist und Körper

In der Konsequenz des materiellen Weltbildes wird der Körper als „Quasi-Maschine“ verstanden, die dem Geist dient. Insofern werden Geist und Körper als selbständige, weitgehend unabhängig voneinander existierende Teile des Körpers empfunden. Diese Trennung geht übrigens ebenfalls auf Aristoteles zurück und hat damit eine sehr lange geistige Tradition.

Auch die nach wie vor dem newtonschen Denkprinzip verhaftete Schulmedizin folgt diesem Paradigma. Die einzelnen Körperteile werden isoliert voneinander geheilt durch mehr oder minder mechanische Einwirkung: durch Medikamente, chirurgischen Eingriff, Kurzwellen, Bestrahlung oder Massage.

In der traditionellen chinesischen Medizin versteht man die einzelnen Körperteile als durch Meridiane verbunden – sodass beispielsweise Probleme bei einigen Zähnen zu Dysfunktionen in Teilen der Lunge führen. Und zunehmend gewinnt die Einsicht Raum, dass alle Krankheiten eine geistige Verbindung, wenn nicht gar Ursache, haben. Diese muss zuerst geklärt sein, bevor der Körper geheilt werden kann.

---

4 Newton, Issac: *The Mathematical Principles of Natural Philosophy*, New York 1846. Descartes, René: *Discourse on the Method of Rightly Conducting One's Reason and of Seeking Truth in the Sciences*, Frankfurt, 2014.

Die Wanderung der Seele

Auf das materielle Weltbild geht auch der Glaubenssatz von der Finalität des Todes und der Negierung einer Wanderung der Seele zurück. Der berühmte Pathologe Rudolf Virchow wird folgendermaßen zitiert: „Ich habe so viele Leichen seziert und nie eine Seele gefunden.“[5] Hier hat der logische Materialismus sogar eine philosophisch-kulturelle Konsequenz. Wie später zu sehen sein wird, sprechen eine Reihe von starken Indizien für das Gegenteil. Dieser „wissenschaftliche Befund“ hatte und hat eine fatale Konsequenz für die grundlegende Lebenseinstellung und den Lebensentwurf so vieler Menschen.

Die Leere des Weltalls

Lange galt: „Wir haben im Weltall keine Materie außer den Planeten gefunden, das All ist leer.“[6] Dabei besteht das All aus Energie und elektromagnetischen Schwingungen und ist der Urgrund der Materie. Das Quantenfeld beherrscht die Materie und nicht umgekehrt. Einstein brachte es folgendermaßen auf den Punkt: „It's the field that determines matter.“[7] Dies wurde in der westlichen Welt erst mit der Entdeckung der Quantenphysik um 1900 deutlich. Die fernöstlichen Philosophien und Religionen hatten schon sehr viel früher diese Einsicht – mit erheblichen Konsequenzen auf die Dimensionen des Denkens und das Verständnis von Intelligenz.

---

5 Rudolf Virchow, Wikipedia, https://de.wikipedia.org/wiki/Rudolf_Virchow.

6 Vorherrschende Meinung der Wissenschaft bis 1986, 1887 bestätigt durch die Michelson–Morley Experimente: *On the Relative Motion of the Earth and the Luminiferous Ether*, in: American Journal of Science, Bd. 34, 1887, S. 333 - 345), widerlegt von Silvertooth, E.W.: *Special Relativity*, in: Nature, Bd. 322, 1986, S. 590.

7 Einstein, Albert: *Über die spezielle und die allgemeine Relativitätstheorie*, Heidelberg, 2012.

Dominanz des Stärkeren im Evolutionsprozess

Die Dominanz und die Durchsetzung des Stärkeren im Evolutionsprozess war eine gezielte Fehlinterpretation der Theorien von Charles Darwin[8], die Teil des Fundaments zur Rechtfertigung des Rassismus und des Faschismus um 1900 wurde. Darwin selbst hat seine Theorie bereits zu Beginn dahingehend modifiziert, dass er von einer Durchsetzung der stärkeren Gemeinschaft sprach. Wie würde das soziale, gesellschaftliche und politische Verständnis heute aussehen, hätte sich dieses Prinzip durchgesetzt?

Diese vier Beispiele beschreiben exemplarisch den seit circa 200 bis 250 Jahren vorherrschenden, im Wesentlichen auf der Logikdominanz basierenden Kulturentwurf der westlichen Welt. Seit etwa 30 bis 40 Jahren wird er nun zunehmend hinterfragt.

Dies zeigt sich am verstärkten Vordringen der fernöstlichen Kultur- und Spiritualitätselemente – Meditation, Yoga, Tantra, Zen – und der Einbeziehung des Geistes in die Schulmedizin – Meridiane, Akupunktur und Akupressur, Energiemedizin – und dem Erfolg der „Emotionalen Intelligenz" von Goleman[9]. Die gleichzeitige, weitgehende kulturelle Passivität und mentale Abstinenz der christlichen Kirchen kann als deutlicher Vorbote eines grundlegenden Paradigmenwechsels im westlichen Kultur- und Denksystem gedeutet werden. Die kognitiven und insbesondere die spirituellen Anforderungen und Bedürfnisse der Menschen werden „vom alten System" nicht mehr befriedigt.

Wenn sich die Falsifikatoren und Gegenentwürfe weiterhin häufen, steht ein fundamentaler Wechsel bevor. Jedoch das auf Kompetenz im logischen Denken basierende, tief strukturierte Wissenschafts-, Wirtschafts-, Berufs-, und Statussystem wehrt sich vehement dagegen.

Dennoch gewinnen insbesondere folgende Formen und Dimensionen der Intelligenz zunehmend an Bedeutung:

---

8 Darwin, Charles: *The Origin of Species by Means of Natural Selection*, London,1859.

9 Goleman, Daniel: *Emotional Intelligence, Why it can matter more than IQ*, New York, 1995.

Die natürliche Intelligenz

Die autonome, natürliche Heilungs- und Regenerationsintelligenz des eigenen Körpers trat mit der Wiederentdeckung des Heilfastens in größerem Stil in Erscheinung. Ohne jegliche Einwirkung eines Mediziners oder einer Medizin entfaltet der Körper unter Einfluss des Fastens ungeahnte und umfassende Regenerations- und Heilwirkungen auch hinsichtlich Krebs- und Herz-Kreislauferkrankungen. Entscheidend ist, dass man den Körper sich selbst überlässt und jegliche Intervention des willensgetriebenen Gehirns ausschaltet: Die autonome Intelligenz des Körpers ist umfassend und höchst effektiv – man sollte ihr nur nicht in die Quere kommen. Dies gilt übrigens für alle Zellen, Zellsysteme und Organe einschließlich des Immunsystems, das gerade aktuell in der Krebstherapie eine wachsende Aufmerksamkeit erfährt.

Die emotionale Intelligenz

Die emotionale Intelligenz betrifft nicht allein das Zusammenleben der Menschen miteinander, sondern auch den Umgang des Menschen mit sich selbst. Über den sogenannten Flow – der Leistung in Trance – sind Menschen zu ungeahnten Höchstleistungen fähig. Sie wachsen buchstäblich über sich selbst hinaus: Im geistigen, künstlerischen und auch sportlichen Bereich, wie derzeit beim FC Liverpool[10] regelmäßig bewiesen wird. Über 95 Prozent aller Entscheidungen müssen unter Unsicherheit erfolgen – die Intelligenz des Bauches stellt hier immer aufs Neue ihre Überlegenheit unter Beweis. In emotionalen Fragen ist die Intelligenz des Herzens unerreicht, wie wissenschaftliche Messergebnisse zeigen. Und wer weiß nicht von der Brillanz der Intuition zu berichten?

---

10 Der Fußballtrainer Jürgen Klopp führt und motiviert explizit extrem emotional. Er gewinnt und gewann mit Borussia Dortmund und Liverpool regelmäßig gegen Mannschaften mit deutlich höherem Marktwert der Spieler, beispielsweise Bayern München, Manchester United und FC Barcelona.

Das Gehirn hat erhebliche, über die Logik hinausgehende Potenziale. Es oszilliert – wie bereits erwähnt – in fünf verschiedenen Schwingungsklassen: Alpha, Beta, Gamma, Delta und Theta. Die Logik fokussiert sich ausschließlich auf den Beta-Bereich, eine mittlere Frequenz. Die autonome Körperintelligenz, wie das Immunsystem, benötigt primär die niedrigeren Schwingungen Alpha und Delta, wobei die unruhigere Beta-Frequenz ausgeschaltet werden sollte. Im Theta-Bereich, einer ebenfalls niedrigen Frequenz, erfolgen Heilungen durch Energieübertragungen von außen. In Gamma, der höchsten Frequenz, entsteht der Flow: Brillanz, Intuition, Kreativität, Schöpfung und Höchstleistung wie im Rausch, „als wenn einem die Gedanken diktiert würden". Über Gamma-Schwingungen erfolgt auch der Zugang zum Quantenfeld, bei dem ebenfalls Emotionen eine große Rolle spielen. Bemerkenswerterweise ist dies nur möglich über positive Emotionen wie Liebe, Dankbarkeit, Freude am Leben, Schutz der Umwelt, Mitgefühl; nicht jedoch über negative Gefühle wie Konkurrenz, Hass, Neid, Verachtung oder Verurteilung von Mitmenschen. Gehirnscan-Messungen belegen dies. Man sagt, das Feld enthalte alle Gedanken, die jemals gedacht worden sind, es übertrage Heilungsenergie und manifestiere Materie. Das Quantenfeld schafft die Materie und die Realität, denn es enthält alle Möglichkeiten. Der Zugang erfolgt nur über synchrone Frequenzen außerhalb von Beta. Es ist ein völlig neues Universum der Intelligenz.[11]

Die Quantenphysik wurde um 1900 von Max Planck entwickelt. Abgesehen von der Nuklearphysik hat sie vergleichsweise wenig Eingang gefunden in die tägliche Praxis. Gründe hierfür sind wahrscheinlich zum einen die Schwierigkeit, sie vollständig zu verstehen, und zum anderen die tiefe Durchdringung, die große Effizienz und der hohe Komfortlevel der newtonschen Physik.

Der westliche Kulturkreis steht somit erst am Anfang der Erkundung dieser anderen Intelligenzdimensionen und Schöpfungspotenziale.

---

11 Hierzu im Detail Seite 88 ff.

2.

WO STEHT INTELLIGENZ HEUTE?

Intelligenz ist eine, wenn nicht sogar die entscheidende Determinante von Kultur und Zivilisation. Bemerkenswerterweise bestanden bereits im frühen Altertum - 1000 bis 3000 v. Chr. - Hochkulturen mit eindrucksvollen zivilisatorischen Errungenschaften, die sich weitgehend isoliert voneinander entwickelt hatten.

Die Maya kannten mit einer hochentwickelten Astronomie und drei Kalendern für unterschiedliche Lebensaspekte die fortschrittlichste Methode zur galaktischen Zeitmessung vor dem 20. Jahrhundert. Sie entwarfen Prophezeiungen bis weit in die Zukunft auf der Grundlage einer energieorientierten Weltsicht, die derzeit in der spirituellen Psychologie von höchster Aktualität ist.

Die indigenen Völker Südamerikas entwickelten in Urzeiten eine schamanische Medizin, deren pharmazeutische und geistmedizinische Intelligenz unter Einbeziehung der Psyche und der Seelenfolge heute besonders in Kalifornien und zunehmend auch in Europa eine bemerkenswerte Renaissance erfährt. Von der Schulmedizin aufgegebene Krebspatienten suchen am Amazonas schamanische Heiler auf, die mit Naturdrogen wie Ayahuasca bemerkenswerte Erfolge durch Geistheilung erzielen.

Die indischen Veden entrollen eine Weltsicht, die in großen Teilen die moderne Quantenphysik vorwegnimmt. Die Master im Himalaya zelebrieren spirituelle Fähigkeiten, die im Westen bisher als die „Wunder im Neuen Testament" bekannt geworden sind.[12] Wer - wie ich - erlebt hat, wie bei Verhandlungen mit indischen Gesprächspartnern diese die fremde Verhandlungsposition, ja selbst die fremden Gedanken lesen können, entwickelt einen tiefen Respekt vor dieser Art der Intelligenz.

Die altchinesische Medizin basiert auf einer ganzheitlichen Sicht des

12 Im Detail hierzu später auf Seite 105 ff.

Körpers mit seinen Energiemeridianen, die seit einigen Jahren von „fortschrittlichen“ westlichen Medizinern adaptiert wird. Dazu gehören Akupunktur, Akupressur oder Chi Gong. Und es darf nicht vergessen werden, dass bis zum 16. Jahrhundert China die größte und führende Wirtschafts- und Kulturnation der Erde war und über die größte Kriegsflotte der damaligen Welt verfügte. Nur durch eine „spontane“ Entscheidung des Kaisers Zhengtong, der die Seefeldzüge aufgab, wurde die übrige Welt nicht von China kolonisiert.

Im pharaonischen Ägypten, das immerhin über einen Zeitraum von 4000 Jahren bestand, wurde neben den berühmten baulichen Höchstleistungen auch mit dem „dritten Auge“ – der aktivierten Zirbeldrüse, dem „Auge des Horus“ – eine Intelligenzdimension in Hellsichtigkeit und Telepathie erreicht, die bisher im Westen bestenfalls in Ansätzen verstanden wird. Wenn man in Luxor die religiösen Eingebungen des Echnaton studiert, ist man erstaunt über die frappierenden Ähnlichkeiten mit den Texten der jüdisch-christlichen Bibel.

Und wo steht die derzeit noch führende westliche Zivilisation mit ihrer alles beherrschenden Dominanz der Logik? Im westlichen Kulturkreis lautet die spontane Antwort auf die Frage „Was ist Intelligenz?“ nur „Die Fähigkeit logisch zu denken“. Derart dominierend ist die Bedeutung der Logik im vorherrschenden Kognitionssystem.

Gesponsort von der US-amerikanischen Industrie unternahm 1993 Howard Gardner von der Harvard Universität den Versuch, Intelligenz neu – und dabei breiter und tiefer – auszuloten. Das Ergebnis war seine Theorie der „Multiple Intelligences“, in der er die verschiedenen Spielarten der Intelligenz zu einem umfassenden Systementwurf zusammenfasste.[13] Danach definierte er Intelligenz als „Die Fähigkeit, Probleme zu lösen oder ‚Produkte‘ zu erzeugen, die in einer spezifischen kulturellen Umgebung oder Gemeinschaft von Bedeutung sind“.

---

13 Gardner, Howard: *Frames of Mind, The Theory of Multiple Intelligences*, New York, 2004.

Er unterschied sieben Unterformen der Intelligenz:

- Logisch-mathematische Intelligenz,
- Linguistische Intelligenz,
- Räumliche Intelligenz,
- Interpersonale und
- Intrapersonale Intelligenz,
- Musikalische Intelligenz und
- Körperlich-kinetische Intelligenz.

Dieser Systementwurf hatte erheblichen Einfluss auf die Curricula der Schul- und Ausbildungssysteme und auf das Re-Design von Intelligenztests. Intelligenztests hatten Anfang des 20. Jahrhunderts – ebenfalls in den USA – begonnen, Furore zu machen, da sie die Eignungsprüfung von Kandidaten für die Verwendung in der Wirtschaft quasi rationalisierte und auch kardinalisierte. Ein Intelligenzquotient von 100 war der Durchschnitt, ab IQ 130 galt man als hochintelligent oder hochbegabt. Wegen der operationalen Praktikabilität wurde der Intelligenztest zu einem Riesenerfolg und entwickelte ein Eigenleben mit weitreichender Konsequenz. „Intelligenz ist, was der IQ-Test misst!", definierte Edwin Boring im Jahr 1923. Dem Inhalt der Tests wurde in diesem Zusammenhang keine überragende Bedeutung beigemessen. Wegen der Einfachheit und Operationalität entstand eine umfängliche sprichwörtliche Intelligenztestindustrie.

Es sei in diesem Zusammenhang betont, dass Lebenserfolg lediglich zu 20 Prozent mit dem IQ korreliert, 80 Prozent sind andere Komponenten.[14] Angesichts der Multiplizität der Intelligenz nach Gardner hätte es eine Reihe unterschiedlicher Intelligenztests geben müssen – die dominante Verwendung für die berufliche Eignungsprüfung allerdings ließ eine logisch-mathematische Dominanz mit partieller linguistischer Komponente bestehen. Gardner brachte zwar eine Öffnung, aber kein Rütteln an den Grundfesten der klaren Dominanz der Logik. Durch seine publizistischen

14 Goleman: Siehe oben, S. 34.

Erfolge wurde Gardner dennoch schnell zum weltweiten Intelligenzguru, der auch über die Weiterentwicklung des Intelligenzbegriffs zu befinden hatte. Der spirituellen Intelligenz hat er interessanterweise die Intelligenzeigenschaft abgesprochen.[15]

Um sich nicht in der semantisch-theoretischen Diskussion zu verlieren, sei angesichts der eindeutigen Logikausrichtung des derzeitigen Schul- und Hochschulsystems sowie der allgemeinen Wissenschaftsgläubigkeit des westlichen Kulturkreises entsprechend im weiteren Verlauf von folgender Arbeitsdefinition ausgegangen:

„Intelligenz ist die Fähigkeit, insbesondere durch abstraktes logisches Denken Probleme zu lösen und zweckmäßig zu handeln."

Hervorzuheben sind hierbei die drei Strukturelemente: Zum einen das Ziel – die Lösung eines Problems, einer Aufgabe oder das Erstellen eines Produktes – und zum anderen die Verwendung von Informationen und die Anwendung einer bestimmten Verarbeitung dieser Information – etwa eines Algorithmus'. All diese Bestandteile sind auch in den im Folgenden vorgestellten Intelligenzvarianten jeweils vorhanden.

15 Gardner, Howard: *Multiple Intelligences, New Horizons*, New York, 2008, S. 251.

3.

WELCHES SIND DIE KOORDINATEN DER LOGIK?

Um 350 bis 400 v. Chr. entstand in Athen – im Wesentlichen gesponsort von reichen Athener Bürgern – die altgriechische Philosophie bestehend aus vier Denkschulen: die Schule um Platon, die Schule um Aristoteles, die Stoa um Zeno und die Kepos um Epikur. Dies war die Urzelle der abendländischen, westlichen Wissenschaft und Kultur.

Die einflussreichste Schule – mit direkter Wirkung bis heute – war die von Aristoteles, dem Begründer der Logik und der Physik.

Der aristotelische Syllogismus, als Kern des logischen Denkens, hat zu der damaligen Zeit Ordnung geschaffen im Dschungel existierender Denkmuster und kognitiver Aktivitäten. Er war zu jener Zeit allen anderen Denkansätzen überlegen. Die Figur des Syllogismus stellt sich wie folgt dar:

Aus einem wahren und richtigen Obersatz in Verbindung und einem ebenfalls wahren Untersatz mit ergänzender Information wird ein richtiger Schluss gezogen.

Damit war Wahrheit zum ersten Mal eindeutig und allgemein nachvollziehbar definiert und konnte an real erfahrbaren Sachverhalten erlebbar gemacht werden.

Ein Beispiel:

Alle Menschen sind sterblich. (Obersatz)
Alle Griechen sind Menschen. (Untersatz)
Also sind alle Griechen sterblich. (Schlussfolgerung)

Diese Figur ist damit die Urzelle aller wissenschaftlichen Theorien und das Kernprinzip der Physik und aller Naturwissenschaften. Diese bedingungslose Realitätsdichte sämtlicher Aussagen und die zwingende Stringenz daraus abgeleiteter Folgerungen waren das Erfolgsprinzip der darauf aufbauenden Theoriegebäude und Modelle der verschiedenen Wissenschaften. Interessanterweise haben die beiden anderen Hauptwerke des Aristoteles, die Metaphysik und die Nikomachische Ethik, nicht annähernd diesen Erfolg und diese überragende Auswirkung erzielt.

Dieser aristotelische Syllogismus, die Urzelle der Logik, zwingt nun zu einer Verengung des Denkens in mehrfacher Hinsicht.

Zum einen wird der Denkrahmen bestimmt durch den Bezugsbereich der bewährten Obersätze. Außerhalb dieses Bereiches findet logisches Denken nicht statt. Zum anderen reduziert sich das Denken auf Deduktion und Induktion zwischen Ober – und Untersätzen in jedweder Verästelung und Komplexität. Denkaktivitäten außerhalb dieser strengen logischen Muster wie Analogien – Schluss von Untersatz zu Untersatz –, Sprengung der Bezugsrahmen der Obersätze aus Gründen der Kreativität, Dehnung der Bezugsbereiche der Obersätze oder gar der Einbezug von Emotionalität, Spiritualität oder Fantasien waren unzulässig und blieben außer Acht.

Gegenstände des logischen Schließens reduzieren sich folglich auf testfähige und somit beweisbare Objekte und ihre Beziehungen zueinander – und damit auf Materie. Das logische Denken fokussierte sich primär auf die Naturwissenschaften. Wurden stattdessen Axiome oder Denkprämissen anstatt bewährter Obersätze angenommen und aus diesen Schlussfolgerungen gezogen, ergab sich die Mathematik. Mit ihrem großen Struktur- und Beziehungsvorrat bildete sie eine Sprache ohne Worte, mit der empirische Phänomene dargestellt werden und einfacher kommuniziert werden konnten.

Der phänomenale Erfolg dieses Denkprinzips – das „griechische Denken" – war später eine Grundlage des Erfolges des römischen Weltreiches. Familien der römischen Oberschicht hielten sich griechische Hauslehrer. Und auch die technische Überlegenheit auf der Basis dieses Denkens war eine Grundlage der römischen Dominanz.

In den späteren Jahren war es der Aufschwung der Naturwissenschaften und der damit verbundene wirtschaftlich-politischen Aufschwung der „logisch denkenden Nationen", der zu einer vollkommenen „Logisierung" aller

Lebensbereiche führte. Aufbauend auf der aristotelischen Kategorienlehre wurde die Realität, die Materie, in immer kleinere Teilmengen aufgeteilt, unter denen dann Beziehungen postuliert und anschließend empirisch getestet wurden. Sogenanntes „kritisches Denken", an der Logik orientiertes und ausgerichtetes Denken, hatte den Stellenwert der höchsten Form des zivilisierten Denkens. Das führte dazu, dass andere Denkprinzipien und -methoden weitestgehend vernachlässigt wurden – mit weitreichenden und verhängnisvollen Folgen.

Geschlossenes System

Zentrales Charakteristikum der Logik ist das Denken in geschlossenen Systemen. Der an der Realität bewährte Obersatz definiert und limitiert den Denkrahmen für die Ableitung von „richtigen" Schlussfolgerungen. Ein System von bewährten Obersätzen bildet eine Theorie. Die Realität außerhalb dieses Systems wird nicht wahrgenommen – sie existiert kognitiv quasi nicht. Diese kognitive Verengung und Bindung an eine „realitätsbezogene Bewährung" hat zunächst im griechischen und später im römischen Zivilisationsraum zur Entstehung von Theoriegebäuden geführt, die zur damaligen Zeit einzigartig und im Vergleich zu anderen Kulturen überlegen waren. Die hieraus entstehende Disziplinierung des Denkens auf der Basis des logischen Schließens hat nicht nur zu einer Begrenzung des Wahrnehmungsrahmens, sondern auch zu einer auf empirisch überprüfbare Phänomene beschränkte Weltsicht geführt. Was der Logik nicht zugänglich war, wurde nicht wahrgenommen und war quasi nicht existent.

Gerade Gefühle lassen sich konkret nur sehr schwer nachweisen. Daher rührt wohl die lange Zeit sehr stiefmütterliche Behandlung der Gefühle in den Humanwissenschaften. Erst mit der „Emotional Intelligence" von Daniel Goleman rückte die zentrale Bedeutung der Gefühle für das Zusammenleben der Menschen in allen Bereichen in das gebührende Rampenlicht.

Verstärkt wurde diese Verengung des Denkens in geschlossenen Systemen durch die parallel laufende Entwicklung der Sprache: Der Wortschatz wurde dem durch die Logik definierten und beherrschtem Weltbild angepasst. Wofür es keine Worte gab, darüber konnte man nicht reflektieren.[16] Und diese sprachliche Verengung wurde parallel zu einem durch Innovationen und Erfindungen quasi explodierenden Wahrnehmungsrahmen etabliert. Gleiches gilt für die Mathematik, einem in sich geschlossenen und abgegrenzten Rahmen von Elementen mit vorher definierten Beziehungen zueinander. Diesen Rahmen versucht man mit mehr oder minder großem Erfolg der Realität überzustülpen. In den Naturwissenschaften mit größerem Erfolg als bei den Humanwissenschaften.

Polarisierung

Ein weiteres zentrales Charakteristikum der Logik ist die Klassifizierung einer Aussage in „richtig oder falsch". Der Untersatz ist entweder in Übereinstimmung mit dem bewährten Obersatz oder er ist es nicht – dazwischen gibt es nichts. Schon Platon hat diese enge Dichotomisierung kritisiert und forderte „etwas dazwischen". Diese klare und eindeutige Zuordnung ist bestens geeignet für Naturwissenschaften, für Humanwissenschaften und das soziale Zusammenleben von Menschen dagegen völlig ungeeignet. Sie wurde aber angesichts des Erfolges der Naturwissenschaften auf sämtliche Lebensbereiche übertragen und führte hier zu einer rigiden Polarisierung: wahr und unwahr, logisch und unlogisch, gut und böse, geeignet und ungeeignet, dazugehörig und nicht dazugehörig, passend und unpassend, schwarz und weiß. Und dies obwohl im Humanbereich im Wesentlichen Grautöne vorherrschen. Vieles zeigt sich erst in einer Bandbreite von Abstufung und ist meist nicht eindeutig einer von zwei Kategorien zuordenbar.

Dennoch hat sich diese Polarisierung auch in den gemischten oder auch reinen Humanwissenschaften wie Medizin und Psychologie sowie im täglichen Leben durchgesetzt – mit zum Teil fatalen Folgen.

---

16 De Bono: Siehe oben, S. 194.

Die Dichotomisierung des gesamten Lebens führt zu einer Konflikt-, Konfrontations- und Judgmentbereitschaft auf elementarem und zum Teil primitivem Niveau. Zugehörigkeit und Nichtzugehörigkeit, Freund und Feind, Vereinbarkeit und Unvereinbarkeit, Identität und Widerspruch sind kulturbildende Kategorien geworden.

Kreativitätsbremse

Das dritte zentrale Charakteristikum der Logik ist die vollkommene Hintanstellung jeglicher Kreativität zur Generierung neuer innovativer Ideen.

Die kognitive Fixierung auf die Bereiche innerhalb der bewährten Obersätze begrenzt eindeutig das Denkuniversum und führt weitschweifendes Denken regelmäßig zurück auf den Boden der Tatsachen bewährter Theorien. Alles andere ist reine Spekulation und damit ohne Wert, es sei denn, die gedanklichen Hypothesen ließen sich im Nachhinein beweisen – wiederum auf der Basis bewährter Obersätze.

Die Praxis der Wissenschaft ist damit auf Fehlervermeidung ausgerichtet. Was dem Inhalt der bewährten Obersätze nicht entspricht, ist falsch oder ein Fehler. Da Irrtümer nicht gestattet sind, reduziert sich der Kognitionsrahmen auf die Reichweite der bereits bestehenden Theorie. Wer innerhalb einer Argumentation recht behält, erlebt in einem solchen System erhebliche Befriedigung und damit Bestätigung seines Egos. Fehlervermeidung verhindert nun aber Kreativität. Erst jetzt in jüngster Zeit werden in Unternehmen Fehler bewusst zugelassen, um lernen zu können und um Kreativität zuzulassen.

Die Begrifflichkeit der verwendeten Sprache muss sich mit dem Theoriegebäude decken, denn nur so kann sie die Aussagen der Theorie klar und deutlich beschreiben. Wenn die Wahrnehmung von Fragen und Problemstellungen aber nur im Rahmen des vorhandenen Sprach- und Wortschatzes möglich ist, heißt das, dass man auf den Rahmen bekannter Begriffe festgelegt ist. Die bestehende Theorie bestimmt somit auch die Wahrnehmung bisher unbekannter Phänomene. Damit begrenzt die Logik auch über die Begrenzung der Wahrnehmung die Generierung neuer Ideen – die Kreativität. Es handelt sich um ein passives Informationssystem. Alles geschieht auf der Basis vorgefertigter Denkmuster. Angesichts des allenthalben herrschenden Innovationsdrucks hat dies dramatische Folgen, denn für Innovation wäre der Einsatz eines aktiven Informationssystems erforderlich. Das Gehirn betreibt die Wahrnehmung gemeinhin anhand eines selbstorganisierenden Musterbildungssystems – wie den Eintritt des Wassers in ein ausgetrocknetes Flussbett – die Logik steht diesem diametral im Wege.

Der Kreativitätstheoretiker Edward de Bono spricht in diesem Zusammenhang von der Sprache als einem „Museum der Ignoranz".[17] Darüber hinaus entwickelte er zur Bekämpfung des Kreativitätsdefizits das Konzept des lateralen Denkens, dem gezielten Aufbrechen von logischen Denkmustern zur Freisetzung von Ideen. (Die Logik eines Witzes folgt übrigens einem ähnlichen Vorgehen.) Des Weiteren entwickelte er künstliche Worte wie „po" zwischen „yes" und „no", um eine Kategorie zwischen den polarisierenden Kategorien zu schaffen.

Die heute sehr erfolgreiche „Design Thinking"-Methode aus dem Bereich der Softwareindustrie betont ebenfalls den dringenden Bedarf nach Kreativität und nach neuen Ideen, den die Logik allein offenbar nicht zu leisten in der Lage ist.

17 De Bono: Siehe oben, S. 20.

4.

WELCHE POSITIVEN UND NEGATIVEN FOLGEN HATTE DIE DOMINANZ DES LOGISCHEN DENKENS?

Noch im Mittelalter – speziell im Spätmittelalter – wurde die geistige Welt von der christlichen Dogmatik mit einer Ausschließlichkeit beherrscht, die auch vor inquisitorischer Verfolgung, Unterdrückung und sogar Verbrennung wissenschaftlich Andersdenkender keinen Halt machte. Galileo, Kopernikus und Giordano Bruno sind berühmte Beispiele. Zur Zeit der Renaissance und mit den Reformationsbewegungen von unter anderem Martin Luther brach sich die Vernunft Bahn und besann sich auf die griechische, vernunftgesteuerte Philosophie mit einem dominanten Stellenwert der Logik, die in den christlichen Klöstern über tausend Jahre überlebt hatte.

Die in der Renaissance begonnene, vollkommene Neuausrichtung der kognitiven Verfassung der westlichen Welt legte den Grundstein zum anschließenden Aufstieg der Wissenschaften und der Wirtschaft im westlichen Europa und damit ihrem weltumspannenden Einfluss in den kommenden 400 bis 500 Jahren. Seit dieser Zeit ist die Dominanz der Logik deutlich spürbar und zeigt sich in ihrer umfassenden und gründlichen Durchdringung aller Lebensbereiche, beispielsweise an den folgenden, noch heute geltenden Entwicklungen.

Materialistisches Weltbild

Grundlegender Baustein der Logik ist der an der Realität bewiesene Obersatz, etwa: „Alle Menschen sind sterblich." Oder in der Physik: „Reife Äpfel fallen vom Baum auf die Erde." Alles orientiert sich an der greifbaren Realität, an der Materie. Dies war in der Renaissance ein elementarer Gegenentwurf gegenüber der christlichen Dogmatik. Hier galten zwar auch die sogenannten Naturgesetze. Sie standen aber im Schatten der allgegenwärtigen Glaubenslehre. Dies änderte sich nun. Die Bedeutung des Glaubens verlagerte sich in den Hintergrund, während die Erforschung der Materie und das Streben nach dem Anhäufen der Materie, dem Wohlstand, in den Vordergrund traten. Newton und Descartes lieferten den philosophischen Überbau für diesen neuen „Glauben".[18]

Das Streben nach Wohlstand erfasste ganz Europa und nach jahrhundertelanger Stagnation begann das wirtschaftliche Wachstum das Bruttosozialprodukt nach oben zu treiben. Das Seelenheil wurde nicht mehr im Jenseits erhofft, sondern im Diesseits angestrebt – durch die Schaffung von Wohlstand und die Anhäufung materieller Güter. Die regelmäßig wiederkehrenden Hungersnöte wurden seltener und die Bevölkerung wuchs. Dank der aufkommenden Medizin und ihrer Heilerfolge sank zusätzlich die Kindersterblichkeit[19] und die Lebenserwartung stieg. Der wirtschaftliche Aufstieg des europäischen Kontinents begann.

Die christliche Moraldogmatik wurde durch logik- und vernunftbasierte Moralvorschläge wie den kategorischen Imperativ von Immanuel Kant abgelöst und das aufkommende Bürgertum begann den Machtanspruch der Aristokratie zu hinterfragen.

Auf die ehemaligen Kolonien in Nordamerika folgten die jungen Nationen USA und Kanada, in denen der Materialismus in Form des Kapitalismus ungehindert ausgelebt wurde. Mit dem dialektischen Materialismus etablierte sich in Russland eine sozialistische Variante. Der Materialismus und der damit verbundene Drang zum Wachstum wurden damit im Westen zur dominanten Geistesverfassung – die christliche Kirche hingegen verlor mehr und mehr an Einfluss.

---

18 Zur Vertiefung der Materialismusdiskussion siehe Karl Popper und John C. Eccles: *Das Ich und sein Gehirn*, Heidelberg 1987, S. 23.

19 Die Kindersterblichkeit von noch 50 Prozent um 1800 sank auf 25 Prozent um 1870, auf 13 Prozent im Jahre 1910 und auf nur 0,3 Prozent im Jahre 1970.

Die Belohnungsmechanismen des Materialismus in Form von Wohlstand, Reichtum und Status haben sich konsequenterweise in den Motivationsstrukturen der Menschen niedergeschlagen: Ehrgeiz, Erwerbstrieb und Hunger nach Aufstieg. Harte Arbeit lohnt sich und zahlt sich aus – sehr harte Arbeit lohnt sich noch mehr und zahlt sich noch mehr aus.

Solche Belohnungsstrukturen führen natürlicherweise zu einer weiteren Verstärkung zugrundeliegender Motivationsstrukturen. Noch härtere Arbeit, Stress und permanente Adrenalinschübe bis hin zu einem ununterbrochenen Adrenalinteppich. Überarbeitung und im Extremfall Burnout werden zum Statussymbol. Am angesehensten sind diejenigen, die offensichtlich am härtesten arbeiten – und auch darunter leiden. Im kapitalistisch geprägten, amerikanischen System sind dies Unternehmer, Consultants und Investmentbanker, bei denen 90-Stunden-Wochen die Regel sind – mit allen Konsequenzen des Dauerstresses.

Stressreaktionen sind aber archaische Angst-, Flucht- oder Verteidigungsreaktionen des Körpers zum Überleben „wenn der Säbelzahntiger den Urmenschen angreift oder verfolgt" – also pure Überlebensreaktionen. Der dem Materialismus inhärente Konkurrenzdruck führt also dazu, dass ein Großteil der in diesem System erfolgreichen Elite permanent im Überlebensmodus lebt, „in Adrenalin badet".

Permanent im Überlebensmodus verharrende Körper, die zum großen Teil noch mit Alkohol beruhigt werden müssen, sind kaum in der Lage, ihre zum Wohlbefinden erforderlichen „Erhaltungs- und Instandhaltungsarbeiten" durchzuführen. Und der Geist verharrt ebenfalls im permanenten Angriffsmodus.

Die diesem materialistischen System zugrundliegende Arbeitsethik – nach dem Motto „good is never good enough" oder „wenn das Leben gut war, dann ist es Mühe und Arbeit gewesen" – führt über die permanente Selbstkasteiung nicht nur zu mangelnder Lebensfreude, sondern in einigen Fällen auch zu frühem Ableben. Herz-Kreislauferkrankungen, Herzinfarkte oder das japanische Karoshi – Tod durch Überarbeitung – sind beredte Beispiele dafür.

Naturwissenschaftliche und wirtschaftliche Erfolge

Verbunden mit der Ausbreitung des Materialismus vollzog sich der Aufstieg der Naturwissenschaften. Die Verengung des Denkens ausschließlich auf empirisch bewährte Obersätze und deren Schlussfolgerungen führte quasi zu einer Explosion der Naturwissenschaften sowie der Wissenschaften schlechthin. Newton und Descartes legten die philosophische Basis für diesen Aufstieg, in dem Europa andere Kulturen wie die arabische und entfernt die chinesische weit hinter sich ließ. Es entstanden in allen Ländern Schulsysteme und Universitäten, in denen die Logik gelehrt wurde, und dies wiederum befeuerte weiter den Aufstieg der Wissenschaften und den wirtschaftlichen Aufschwung. Die auf der Logik basierende Medizin senkte die Kindersterblichkeit, steigerte die Lebensdauer und sicherte damit das für den weiteren Aufstieg erforderliche Arbeitnehmerpotenzial.

Dieser Aufstieg dauerte bis in das 20. Jahrhundert an und verschaffte dem logikbasierten Denken in Form der Vernunft und der Sachlichkeit den Status der alle Lebensbereiche durchdringenden Denkungsart.

Die naturwissenschaftlichen Forschungsergebnisse führten zu industriellen Anwendungen und damit zu weiterem wirtschaftlichen Aufstieg. Die Entdeckungen der Agrarchemie führten zu deutlichen Steigerungen der Landwirtschaftserträge, was wiederum die ansteigende Population ernährte.

Einher ging der wissenschaftliche Aufstieg mit der politischen Beherrschung der damaligen Welt sowie mit der Kolonisierung der weniger entwickelten Kontinente und Nationen. Wichtige Kolonialmächte waren zunächst Spanien und Portugal, später Großbritannien, die Niederlande, Belgien, Frankreich und auch Dänemark. Da Deutschland erst um 1871 durch die Reichsgründung unter den Preußen zur Nation wurde, begannen sie deutlich später mit der Kolonisierung.

Neben dem wirtschaftlichen Aufstieg ermöglichten die „Erträge" aus der Kolonisierung die weitere Finanzierung von Schulen und Universitäten außerhalb der Oberhoheit der Kirche – was den Wissenschaften in voller

Breite zum Durchbruch verhalf. Oxford, Cambridge und die Sorbonne verhalfen den Naturwissenschaften und insbesondere der Medizin zu großem Einfluss. Louis Pasteur und Robert Koch erzielten mit der Hygiene und den ersten primär chemiebasierten Medikamenten spektakuläre Erfolge in der Verlängerung der Lebensdauer und Senkung der Kindersterblichkeit. Die europäische Bevölkerung wuchs in den Jahren 1500 bis 1950 um fast das Neunfache.

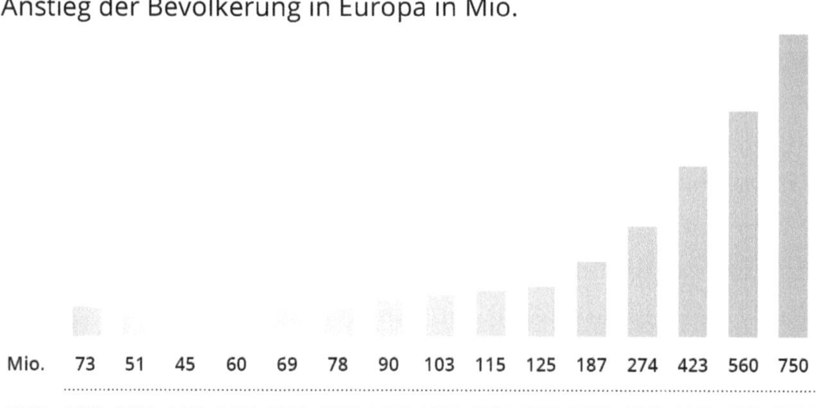

Die naturwissenschaftlichen Entdeckungen und Forschungsergebnisse bildeten zugleich die Grundlage für die industrielle Revolution, die der Finanzkraft der westlichen Welt einen noch größeren Hebel hinzufügte. Es wurden neue Universitäten gegründet und eigenständige reine Forschungsinstitutionen gegründet wie die Royal Society, die Kaiser-Wilhelm-Gesellschaft – später Max-Planck-Gesellschaft – und die Helmholtz-Gemeinschaft.

Die Breite und Fülle der wissenschaftlichen Erfolge führten folgerichtig zu einer Vergötterung der dies hervorbringenden Vernunft, Sachlichkeit und des logischen Denkens. Die Universitäten und Gymnasien wurden geschmückt und geradezu bestückt mit Büsten der griechischen Denker – allen voran Aristoteles und Platon.

Diese Heroisierung der Logik ging oft einher mit einer Verachtung und Herabwürdigung anderer kognitiver Disziplinen wie Intuition, Emotionalität, Spiritualität, Geistheilung und Naturheilkunde – eine folgenschwere Verengung, wie wir später sehen werden.

Wirtschaftlich-politische Dominanz des Westens

Mit der allumfassenden Penetration der Vernunft – und damit der Logik – kam es zu einem bisher nicht dagewesenen wirtschaftlichen Aufstieg. Das Bruttoinlandsprodukt in Relation zur Bevölkerung stieg in den westlichen Ländern in diesen Jahren um das 159-fache.

Anstieg des Bruttoinlandsprodukts in Europa pro Kopf

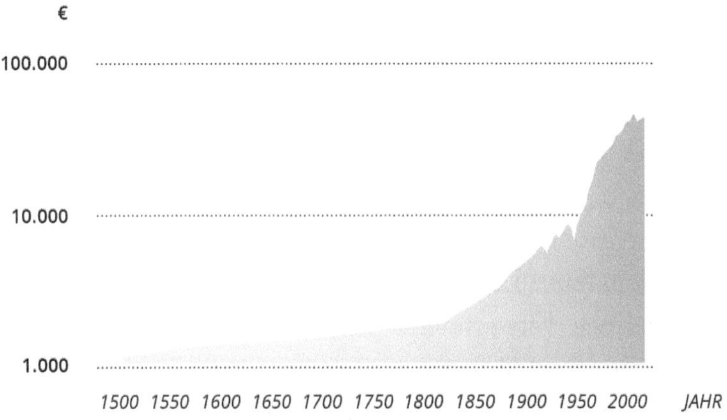

Parallel zur Renaissance in Italien predigten Reformer wie Luther und Melanchthon in Deutschland, Zwingli in der Schweiz und Johannes Calvin in den Niederlanden die Botschaft: Das Himmelreich liegt nicht im Himmel nach einem gottgefälligen – und das heißt, kirchengefälligen – Leben, sondern im Diesseits: zu erreichen durch wirtschaftlichen Fleiß.

Beide Effekte führten dazu, dass die Menschen nicht mehr im Gottvertrauen alles ihrem Schicksal und göttlicher Fügung überließen, sondern ihr Leben selbst in die Hände nahmen. Und das galt nicht nur für die gebildeten Eliten, sondern auch für die breite Bevölkerung. Neben der oben beschriebenen Dominanz des Westens in den Naturwissenschaften, einschließlich der Medizin, führte dieser Perspektivwechsel für jeden Einzelnen dazu, dass sich die wirtschaftliche Leistungsfähigkeit auf ein nie gekanntes Niveau hob. Die damit einhergehende militärische Leistungsfähigkeit befeuerte - sofern sie nicht in innereuropäischen Dominanzkämpfen absorbiert wurde - zu einer Kolonisierung der „unterentwickelten" (da nicht vernunftgesteuerten) Weltregionen durch die europäischen Staaten. Die europäische Filialkultur in den Kolonien Nordamerikas ließ in dieser Zeit alle alten, europäischen Kulturrelikte hinter sich und gründete sich auf den herrschenden Zeitgeist - der Vernunft. Diese Aufbruchstimmung, gepaart mit den formal gleichen Startbedingungen, wurde im Wesentlichen umgesetzt nach den Denkprinzipien der Vernunft, also der Logik. Diese Kombination ergab einen beispiellosen wirtschaftlichen Aufstieg. Die von erfolgreichen Unternehmern gestifteten Universitäten erlangten schon bald Weltruf und Spitzenplätze in den Rankings. Die Finanzkraft ermöglichte den Aufbau der mächtigsten Militärmaschinerien der Welt zur Flankierung der politischen Dominanz.

Nicht zu vergessen ist der Aufstieg der seinerzeitigen Sowjetunion, aufgebaut nach dem Prinzip des dialektischen Materialismus. Bei allen marxistisch-dogmatischen Verwerfungen folgten Wissenschaft und Wirtschaft dem Vernunftprinzip und damit der Logik. 1960 konkurrierte die Sowjetunion mit den USA um den erfolgreichsten Gesellschafts- und Wirtschaftsentwurf. Ihre wissenschaftlichen Erfolge insbesondere in der Raumfahrt und Medizin - basierend auf der Logik - sind unbestritten.

„Logisierung und Mathematisierung“ der Humanwissenschaften

Der überragende Erfolg der Logik in den Naturwissenschaften – speziell in der Physik und der Chemie – strahlte ab auf die Humanwissenschaften, die Wissenschaften vom Menschen: Medizin, Psychologie, Biologie und Wirtschaftswissenschaften. Diese wollten nun ebenfalls alle wissenschaftlichen Aussagen an empirischen Tests festmachen. Zu Beginn hat dies sicherlich den Wissenschaften einen erheblichen Schub versetzt und ihre Theoriegebäude stark an empirischen Befunden orientiert. Es führte jedoch auch zu einer starken „Mechanisierung“ dieser Disziplinen. In der Medizin war dies die Chemie- und Apparatemedizin, in der Psychologie die Umweltsteuerung, in den Wirtschaftswissenschaften der Trend zur Mathematisierung.

Nach den auch hier spektakulären Anfangserfolgen stieß man bald auf die Barriere, dass das menschliche Individuum und auch Menschengruppierungen in ihrer Komplexität nur begrenzt empirischen Laboruntersuchungen zugänglich sind. Und wenn sie es doch sind, die Befunde dann nicht eindeutig mit „schwarz“ oder „weiß“ polarisierbar sind, sondern eher „grau“ ausfallen, also mit einer mehr oder weniger hohen Wahrscheinlichkeit eintreten.

Analog zur Physik wurde der Körper des Menschen als Ansammlung verschiedener Maschinen mit teilweise defekten Einzelteilen angesehen: Hals, Nasen und Ohren, Zähne, Kiefer, einzelne Organe, Innere Medizin, Chirurgie, Neurologie und Urologie. Diese wurden dann von Spezialisten isoliert therapiert.

Spätestens seit der Verbreitung der Meridiane und der Akupunktur aus der traditionellen chinesischen Medizin wird eingeräumt, dass der Körper wohl als vernetzt und ganzheitlich zu betrachten sei und Beziehungen und Kommunikationslinien zwischen den einzelnen Körperelementen bestehen. Zudem wurde lange außer Acht gelassen, dass es keine Krankheit ohne psychische oder geistige Verbindung gibt. Schließlich wird noch immer häufig ausgeklammert, dass Krankheiten in der Regel die Indikation von physischen und/oder psychischen Fehlsteuerungen sind und hierüber eine Therapie erfolgen sollte.

Aufgrund dieser tiefgehenden Spezialisierung und der Starrheit des Gesundheitssystems und darüber hinaus der generell guten finanziellen Ausstattung des Arztberufes beginnt es erst allmählich, dass „die Eminenzen miteinander kommunizieren" und die Spezialisierung aufweicht. Das Angebot der Ganzheitsmedizin steckt in der Ausbreitung derzeit bestenfalls in den Kinderschuhen.

Die Wirtschaftswissenschaften – speziell die Makroökonomie – versuchten immer wieder, mit einer Mathematisierung ihrer Aussagen den Grad der Wissenschaftlichkeit zu erhöhen. Der Popper-Schüler Hans Albert an der Universität Mannheim amüsierte sich schon frühzeitig über diesen „Modellplatonismus". Durch künstliche Mathematisierung wurden die kaum kardinal messbaren ökonomischen Phänomene mitnichten in ihrer Erklärungs- und Prognosekompetenz gesteigert. Auch der Ansatz, die Führung eines Unternehmens als programmierbaren, mathematischen Algorithmus darzustellen, hat sich als ein weiterer sinnloser Versuch entpuppt.

In der Soziologie, Psychologie und Psychoanalyse nahm man die Einbettung des Menschen in seine Umwelt in den Fokus und versuchte, daraus Aussagen abzuleiten. Auch hier ergaben sich Befunde in „Graustufen" und das Problem der Ausklammerung nicht-logischer Kategorien wie Emotionen und Spiritualität.

Kognitive Verengung – Kritik als höchste wissenschaftliche Disziplin

Das Denken in logikbedingten, geschlossenen Systemen wie Mathematik kultiviert Analyse, Kritik und Judgment. Es erreichte im Laufe der Zeit den Stellenwert als höchste Form des zivilisierten – gemeint ist „akademischen" – Denkens und dominierte damit sämtliche Bereiche des geistigen Lebens mit entsprechender Geringschätzung und Vernachlässigung anderer Denk-

und Intelligenzformen wie Intuition, Emotionalität, Kreativität, Spekulation, „Bauchgefühl“,[20] Vision und den inzwischen berühmten „Soft Skills“. Dies ist umso verwunderlicher, da in der Wirtschaft der bei weitem überwiegende Teil der Entscheidungen unter Risiko oder unter Unsicherheit gefällt werden müssen, und somit letztlich „Bauchentscheidungen“ sind. Erfolgreiche Menschenführung und damit erfolgreiche Unternehmensführung beruhen ebenfalls zu etwa 95 Prozent[21] auf sozialer Kompetenz, auf Empathiefähigkeit. Daniel Goldman hat hier mit dem von ihm geprägten Begriff der „Emotionalen Intelligenz“ wahre Pionierarbeit geleistet.

Denn erst 1995 wurde Emotionalität dank Goleman prominent mit Intelligenz in Verbindung gebracht. Gardner erwähnte Emotionalität zwar in seiner Aufzählung der multiplen Intelligenzen, maß ihr aber keinen besonderen Stellenwert bei. Erst Goleman holte die Emotionalität aus dem mächtigen Schatten der Logikdominanz hervor. Erst Kahnemann und der Gewinn des Nobelpreises[22] haben der Intuition einen angemessenen Stellenwert in der Bedeutung als wichtiger Entscheidungsfaktor verschafft: Sie steht neben der Logik im Rahmen einer umfassenderen Entscheidungstheorie.

Das Prestige des logischen Denkens führte dazu, dass in der Wissenschaft allein die Kritik und das Argumentieren innerhalb logischer Strukturen zur Promotion, Habilitation und Erzielung anderer akademischer Ehren ausreichte – und das, obwohl der Gewinn an praktisch verwertbarem Wissen minimal war.

Entsprechend stark strahlte das hohe Ansehen der Logik in das nichtakademische tägliche Leben ab: Alles was nicht der Vernunft und der Logik entsprach oder gehorchte, war negativ besetzt.

20 Grigerenzer, Gerd: *Risiko: Wie man die richtigen Entscheidungen trifft*, München, 2013, S. 37.

21 Grigerenzer, siehe oben, S. 30 ff.

22 Der Psychologe Daniel Kahnemann erhielt 2002 zusammen mit Vernon L. Smith den Alfred-Nobel-Gedächtnispreis für Wirtschaftswissenschaften.

Herabsetzung von Emotionalität, Intuition, Spiritualität in der Lebensweise

Der immense Erfolg der Logik und des daraus folgenden Materialismus sowie die aus den wissenschaftlichen Erfolgen resultierende Wissenschaftsgläubigkeit, die heute fast in Konkurrenz zur Religionsgläubigkeit getreten ist, führten zu einer Vernachlässigung und geradezu Herabsetzung der übrigen „Befähigungen" des Gehirns und des Körpers, nämlich Emotionen, Intuition und Spiritualität. In seiner extremen Ausprägung führt dies zu einer Lebensweise, die alles dem logischen Prinzip unterordnet: Jedes Verhalten hat logisch, sachlich (von der Materie bestimmt) und vernünftig (durch logisches Denken geleitet) zu sein.

Dies hat sich im protestantischen, puritanischen und auch calvinistischen oder preußischen Lebensstil deutlich niedergeschlagen. Alles: Lebensstil, Lebensfreude, Farben- und Formensprache des Lebens, Fröhlichkeit wird der Vernunft und der Sachlichkeit beziehungsweise der Schlichtheit (im ästhetischen Sinne) untergeordnet. Wer in einer Diskussion emotional reagiert, gilt bereits als unterlegen und verliert an Ansehen – unabhängig von der Kraft seiner Argumente. Wer eine Entscheidung mit seiner Intuition rechtfertigt, hat aus Sicht der Logik schon Unrecht, weil Intuition nicht beweisbar ist. Wer sich in der Wahrnehmung der Realität oder noch deutlicher bei der Heilung seiner selbst oder fremder Menschen spirituell betätigt, verliert jegliches Ansehen von Seriosität und Glaubwürdigkeit.

In einer Biographie – oder man könnte sagen: in einem Pamphlet – beschreibt der Fritz Zorn[23] genannte Autor unter dem Titel „Mars" sein Aufwachsen in einem streng puritanischen Elternhaus an der Goldküste in Zürich. Im Alltag des Kindes wird alles der Vernünftigkeit, der Sachlichkeit und der Wohlanständigkeit untergeordnet. Emotionen werden nicht erlebt, geschweige denn ausgelebt. Und im bedingungslosen Folgeleisten der

---

23 Zorn, Fritz: *Mars, „Ich bin jung und reich und gebildet, und ich bin unglücklich, neurotisch und allein ...",* München, 1977.

Logik verdorrt das Leben. Durch diese Erziehung verkümmert, entwickelt Fritz Zorn eine Krebskrankheit. Er schreibt:

„Die Krankheit lag natürlich auf einem ganz anderen Gebiet, auf dem Gebiet, das man etwa das „Menschliche“ nennen könnte, oder ganz einfach das Gebiet der Gefühle. Die Intelligenz war intakt. Du hattest keinen Schaden gelitten, aber das Gefühl war verkrüppelt und krank. Ich konnte keine Gefühle haben, vor allem keine Gefühle für andere Menschen, ich konnte niemanden lieben.“ (S. 139)

„Ob ich diese Krankheit überleben werde, weiß ich heute nicht. Falls ich daran sterben sollte, wird man von mir sagen können, dass ich zu Tode erzogen worden bin.“ (S. 44)[24]

Die logikdominierte, materielle Welt hat in der westlichen Welt eine Führungselite in Wissenschaft, Wirtschaft und Politik generiert, die sich einerseits durch die gründliche, systematische Ausbildung und Erziehung und anderseits um des Erfolges willen vollständig dem Logik-, Vernunft- und Sachlichkeitsprinzip verschrieben hat.

Ihre entsprechende Distanzierung gegenüber Emotionalität, Intuition und Spiritualität etabliert diese Führungsschicht auch in ihrem Umfeld, ihrer Familie und Sozialstruktur und schafft damit eine Psycholandschaft, die in den führenden westlichen Industriezivilisationen eine beachtliche Quote von Psychiatern und Psychotherapeuten beschäftigt.

Wenn nun Psychiatrie und Psychologie zu dem ebenfalls durch stark logik-naturwissenschaftliche, geschlossene Denksysteme geprägt sind, erscheint die hier gesuchte Hilfe wiederum begrenzt. Nicht zufällig erleben spirituell ausgerichtete Therapeuten wie Deepak Chopra, Brenda Davies, Bruce Lipton und Joe Dispenza derzeit große Erfolge.

24 Der Verfasser starb ein Jahr nach der Veröffentlichung an Krebs.

Kosmologisches Weltbild: Die Leere des Universums

Das Postulat der empirischen Prüfung von wissenschaftlichen Hypothesen an der Realität führt im Umkehrschluss zu der Annahme, dass das Universum als leer angenommen werden muss, wenn keine entsprechenden Tests durchgeführt werden können. Da immer wieder Annahmen auftauchten, es gäbe einen Äther, eine Substanz zwischen den einzelnen Phänomenen der Realität und damit Beziehungen zwischen ihnen, wurde dies 1887 im Michelson-Morley-Experiment empirisch getestet. Hierbei untersuchte man, ob ein universelles Feld aus elektromagnetischen Schwingungen existiere. Falls ja, müsste es in Bewegung und diese Bewegung müsste nachweisbar sein. Nach dem damaligen Stand der Wissenschaften wurden die Ergebnisse so interpretiert, dass es kein Feld gäbe – das Universum folglich leer sei.

Dieser Befund hatte weitgehende Konsequenzen auf die darauf aufbauenden wissenschaftlichen Theorien, unsere Zivilisation und unser Weltbild: Wir stehen getrennt voneinander, isoliert gegen die Natur, gegen die Welt und realisieren unsere Ambitionen und Aktivitäten gegen die um uns herum existierende Realität.

1986 wiederholte der Wissenschaftler E.W. Silvertooth das Michelson-Morley-Experiment im Rahmen einer von der US-Luftwaffe geförderten Studie. Mit Instrumenten, die wesentlich empfindlicher waren als noch zur Zeit von Michelson-Morley, konnte Silvertooth im Feld Bewegung nachweisen – eine Bewegung, die exakt auf die Bewegung der Erde im Weltraum abgestimmt war.

Das heißt, das Universum ist nicht leer. Es besteht ein Feld aus elektromagnetischen Schwingungen zwischen den von uns als Materie wahrgenommen Gegenständen in der Realität. Alles ist mit allem verbunden.

Diese Erkenntnis ist jedoch bisher nicht in der gesellschaftlichen Realität angekommen. Wir leben nach wie vor in der Annahme, das Universum sei leer.

Konsequenzen für die Moral

Auf den ersten Blick erscheint der auf der Logik basierende Materialismus moralisch neutral, als eine lediglich hochproduktive Maschine, die erfolgreich Wohlstand und Fortschritt schafft. Allerdings ist die Heroisierung des Wachstums, das Streben nach immer mehr Wohlstand durch immer mehr Materie in Form von Häusern, Autos, Reisen und anderen Statussymbolen dem Materialismus inhärent – und damit hat der Materialismus eine moralische Komponente.

Das Problem zeigt sich vor allem im Umgang mit existenziellen Konsequenzen, denn seit den sechziger Jahren des 20. Jahrhunderts stößt diese Materialismus-Maschine an die Grenzen der Ressourcen unseres Planeten. Ohne strenge Nachhaltigkeitsauflagen droht das durch den Materialismus entfesselte unbändige Wachstum die Möglichkeiten unserer Erde zu erschöpfen.

Die als omnipotent angesehenen Naturwissenschaften haben es bisher kaum vermocht, völlig eindeutige, zweifelsfreie und einfache Grenzen für das wirtschaftliche Wachstum zu formulieren – geschweige denn, die wachstumsbedingten Schäden nachhaltig zu neutralisieren oder zu beseitigen. Bisher waren die wesentlichen Weltuntergangsszenarien von der Realität widerlegt worden: Die Bevölkerungsprognose von Malthus mit der drohenden Überbevölkerung, der Club of Rome mit seiner Prognose der baldigen Erschöpfung der natürlichen Ressourcen des Planeten, die weltweiten Grünen Parteien mit der Prognose des Sterbens der Wälder – alle haben bisher die Möglichkeiten des Planeten und auch die Potenziale der Innovation unterschätzt. Es ist zu wünschen, dass die Regierungen der Welt in diesem Falle dem Wachstum Zügel anlegen und alle erforderlichen Schritte einleiten, um die drohende Klimakatastrophe zu vermeiden und die technologischen Potenziale auf die Erhaltung der Schönheit der Schöpfung und Schaffung eines nachhaltigen und stabilen natürlichen Gleichgewichts auszurichten.

5.

WELCHE MUSTER BEHERRSCHEN UNSER DENKEN?

Im vorherigen Kapitel wurde versucht darzulegen, zu welchen ausgesprochenen und unausgesprochenen Rahmenprämissen unseres Denkens die tiefgehende Logikdurchdringung geführt hat. Das materialistische Weltbild, die Wissenschaftsgläubigkeit und die Polarisierung aller sozialen Bereiche sind zu einer derartigen Selbstverständlichkeit unseres Zusammenlebens geworden, dass sie als etwas Gegebenes akzeptiert und nicht hinterfragt werden. Im Folgenden stellt sich nun die Frage, warum sich diese Entwicklung mit ihren zum Teil negativen Konsequenzen nicht korrigiert, umgekehrt oder abgewandelt hat.

Dies erklärt Thomas Kuhn, der 1962 in „The Structure of Scientific Revolutions"[25] mit dem Konzept des Paradigmas die Annahme kontinuierlich fortschreitender wissenschaftlicher Erkenntnis widerlegte:

„Jede Wissenschaft hat zu jeder Zeit eine bestimmte, selbst nicht weiter problematisierte Grundansicht."

Schärfer formuliert:

„Ohne Paradigmata wäre Wissenschaft gar nicht möglich, weil die Paradigmen Orientierungsideale darstellen, auf deren Folie ein Phänomenbereich geordnet wird. Die Ausbildung und Akzeptanz eines bestimmten Paradigmas führt zur „normalen Wissenschaft" unter deren Dach die Frage entfällt, warum die Welt gerade so gesehen wird, wie sie eben in dem Moment gesehen wird – weil alle Fachkollegen diese Weltsicht akzeptiert haben."

25 Kuhn, Thomas S.: *The Structure of Scientific Revolutions*, in: International Encyclopedia of United Science II, University of Chicago Press, 1962, S. 46.

Wie oben dargestellt, hat uns die Logik eine ganze Reihe derartiger Paradigmen beschert, die einen großen Teil unseres festgefügten Weltbildes ausmachen, und die bei jeglicher Infragestellung zu mächtigen und vehementen Kontroversen führen. Betrachtet man hingegen unser westliches Weltbild in seiner Gesamtheit, dann fehlen daneben einige wesentliche Grundansichten, die primär aus der christlichen Dogmatik stammen. Die Kontinuität und das Beharrungsvermögen dieser beiden Paradigmenbündel beruhen dabei weniger auf der Abwehr von Falsifizierungsbemühungen,[26] sondern auf der Absicherung der damit verbundenen Macht-, Status- und Besitzverhältnisse. Ausgehend von der überragenden Dominanz des westlichen Wissenschafts-, Wirtschafts- und Kulturentwurfs und dem Christentum als der führenden Religion mit einer 2000-jährigen Geschichte und prägender philosophisch-kultureller Kraft stehen wir möglicherweise vor dem größten Paradigmenwechsel, den es jemals gegeben hat.

Die christliche Kirche hatte bis zur Renaissance in Europa die Deutungshoheit über sämtliche Wissenschaften und selbstredend über die Philosophie und Religion. Es gab keinen geistigen Raum, der nicht von der christlichen Kirche beherrscht wurde. Die Prozesse gegen Galileo Galilei, Kopernikus und Giordano Bruno waren nur einige Beispiele geistiger Unterdrückung.

Hauptmachtinstrument war sicherlich das Monopol des Zugangs zum Seelenheil im ewigen Leben nach dem Tode. Das Polyptychon des Jüngsten Gerichts von Rogier van der Weyden[27] im historischen Hospital von Beaune im Burgund aus dem 15. Jahrhundert zeigt eindrucksvoll das komplette Schreckensszenario: Nach einem mehr oder minder schrecklichen Tod wartet nach einer mehr oder minder langen Warteschlange das Jüngste Gericht mit der Waage der Entscheidung: Himmel oder Hölle.

---

26 Zur Falsifikation siehe Karl Popper, *Logik der Forschung: Zur Erkenntnistheorie der Modernen Naturwissenschaft*, Wien, 1935.

27 Siehe Abbildung S. 50. Originalgetreue fotografische Reproduktion des zweidimensionalen Kunstwerks, gemeinfrei, Wikimedia Foundation.

Das Jüngste Gericht von Rogier van der Weyden, Festtagsansicht

Die Toten steigen aus den Gräbern.

1.

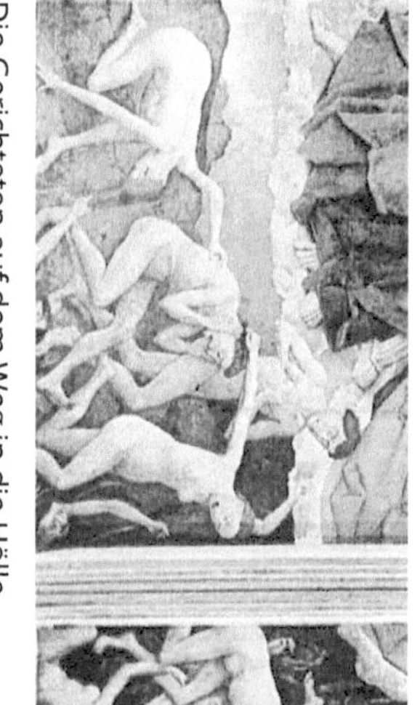

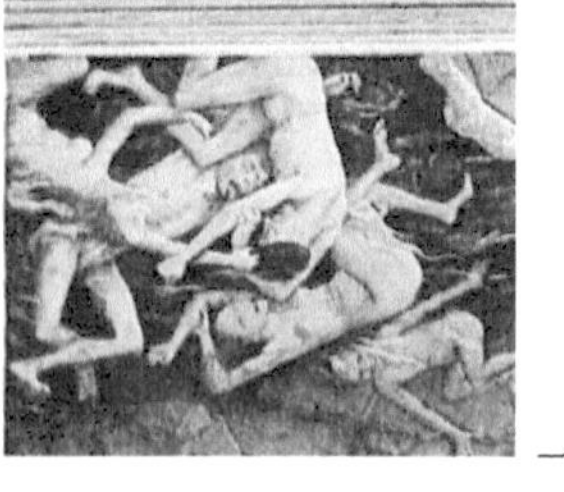

Die Gerichteten auf dem Weg in die Hölle.

2.

Kriterien für diese Entscheidung sind ein gottgefälliges – das heißt, kirchengefälliges – Leben und die Summe der begangenen Sünden, sofern diese nicht durch Vermittlung durch die Kirche vergeben wurden. Mit dieser Drohung hat es die christliche Kirche zu nahezu unermesslichen weltlichen Reichtümern und Machtpositionen gebracht. In der dreistöckigen Krone des Papstes, der Tiara, wird der allumfassende Machtanspruch „Vater der Fürsten und Könige, das Haupt der Welt und der Statthalter Jesu Christi" dokumentiert. Und in dem Werbespruch: „Wenn das Geld im Kasten klingt, die Seele aus dem Fegefeuer in den Himmel springt" des päpstlichen Geldeintreibers Tessler im 16. Jahrhundert, der selbst die Sünden früherer Generationen ablösen ließ, hat dieses Argument seine klarste Überzeichnung erfahren. Gegen ebenjene Praxis richteten sich die Neuerungsbewegungen der Reformation und der Renaissance.

Die Wissenschaften erlebten durch diese Befreiung geradezu eine Explosion des Fortschritts. Im religiösen Kontext hingegen hielten die Muster zur Drohung und Unterdrückung bis heute an. Das gilt auch für den Protestantismus, wenn auch mit stark abnehmender Tendenz.

Negierung einer Seelenwanderung

Der Bibelkanon – welche Schriften „offiziell" zur Bibel gehören – bestand nicht von Anfang an unverändert, sondern wurde in einer Reihe von Konzilen nachträglich festgelegt.

Im Konzil von Konstantinopel 550 n. Chr. wurde die Bibel neu editiert[28] beziehungsweise neu zusammengestellt und umgeschrieben. Unter anderem wurde die Beschreibung der Jugend Jesu herausgenommen und die Reinkarnation – die Wiedergeburt der Seele – eliminiert, die vorher durchaus Teil der Glaubensbotschaft war. Dadurch gab es nur ein einziges Leben, der

28 Braden, Gregg: *Tiefe Wahrheiten: Ursprung, Geschichte, Bestimmung und Schicksal der Menschheit*, Burgrain, 2011, S. 612.

Tod war endgültig und das Sündenregister dieses einen Lebens entschied über ewige Verdammnis oder ewiges Himmelreich. Vor dem Hintergrund dieses beeindruckenden Drohpotenzials und Machtinstruments fanden das Denken und die Anwendung der Intelligenz statt. Die Folgen bezüglich des weltlichen Vermögens der christlichen Kirche sind bekannt und dieser Teilbereich der Kirche wächst durchaus weiterhin.

Dennoch hält und hielt sich im gesellschaftlichen wie im religiösen Umfeld die Frage: Gibt es eine Seele und wird sie wiedergeboren?

Die Aussage der materialistisch geleiteten Medizin ist eindeutig. Pathologen bestätigen regelmäßig nach der Obduktion von Gestorbenen: Eine Seele hätten sie nicht gefunden.

Auf der anderen Seite stehen eine Reihe empirischer Teilbefunde, die zumindest einen Induktionsschluss auf die Existenz einer Seele zulassen:

– Eine Fülle von vollkommen deckungsgleichen Nahtoderfahrungen aus aller Welt legen die Hypothese nahe, dass der Tod keinesfalls schrecklich ist, sondern die vorübergehend Gestorbenen durchaus im Jenseits bleiben und keinesfalls gern ins Leben zurück möchten. In Moodys „Leben nach dem Tod“[29] finden sich zahlreiche, bemerkenswert deckungsgleiche Berichte aus allen Teilen der Welt. Seien es Autounfälle, chirurgische Eingriffe, schwere Krankheiten oder Unglücksfälle, die für kurze Zeit dazu führten, dass die Seele den Körper verlässt. Die Betroffenen berichten davon, wie sie ihren Körper und das Geschehen während ihres Todes von oben betrachten. Nach ihrer Rückkehr in den Körper und ins Leben konnten sie wiedergeben, was im Raum geschehen und gesprochen worden war.

– Nach unter Hypnose durchgeführten Rückführungen in frühere Leben beschreiben die Patienten sehr konkrete Einzelheiten des Lebens der damaligen Zeit. Durch Beschreibung des Schuhwerks, der Kleidung und

---

29 Moody, Raymond A.: *Leben nach dem Tod: Die Erforschung einer unerklärlichen Erfahrung*, Hamburg, 15. Auflage, 2013.
Ebenso: Meckelburg, Ernst: *Wir alle sind unsterblich. Der Irrtum mit dem Tod*, München 1997.

des Bodenbelages lassen sich die jeweiligen Jahrhunderte der Reinkarnation festmachen. Es wurde sogar beschrieben, dass Seelen eine Reinkarnation in eine bestimmte Lebenssituation verweigern – was dann im Kirchenbuch als Fehlgeburt beschrieben wird. Diese Beschreibungen in Trance lassen sich anschließend im Wachzustand anhand von Geschichts- und Kirchenbüchern in der jeweiligen historischen Zeit „bestätigen". Auch hier liegt eine Fülle von absolut deckungsgleichen Berichten aus unterschiedlichen Regionen und zu unterschiedlichen Fragestellungen vor. In der Psychotherapie wird die Rückführung regelmäßig zur Behandlung bestimmter Krankheitsbilder eingesetzt.[30]

– Der Neurochirurg Eben Alexander, Professor der Harvard Universität, beschreibt in „Blick in die Ewigkeit"[31] während seines fünftägigen klinischen Todes seine Reise ins Jenseits und zurück. Der Tod wird keineswegs als etwas Schreckliches, sondern als etwas durchaus Schönes dargestellt: Man gehe durch einen dunklen Tunnel ins Licht und werde dort von Lichtwesen liebevoll empfangen und von seinen verstorbenen Familienangehörigen und Freunden freundlich aufgenommen.

– Aus der Meditation ist ein ähnliches Phänomen bekannt. Meditiert man hinreichend tief und lange, so kann es passieren, dass man früheren Inkarnationen begegnet. Familienchroniken ermöglichen die Bestätigung dieses Lebens, einschließlich Kleidung und Auftritt. Diese Erfahrung ist sehr eindrucksvoll. In solchen Momenten schaut einem die eigene Seele direkt ins Auge.

---

30 Sudhoff, Heinke: *Ewiges Leben, Vierzig Zeitreisen durch Urgeschichte und Unendlichkeit*, München, 2005.
Meinhold, Werner, J.: *Der Wiederverkörperungsweg eines Menschen durch die Jahrtausende: Reinkarnationserfahrung in Hypnose*, 4. Auflage, Mannheim, 2010.
Stevenson, Ian: *Reinkarnation in Europa: Dokumentierte Fälle*, Grafing, 2014.

31 Alexander, Eben: *Blick in die Ewigkeit: Die faszinierende Nahtoderfahrung eines Neurochirurgen*, München, 2012.

– In seinem Buch „Wohin die letzte Reise geht“[32] beschreibt der Philosoph und Psychologe Beat Imhof ausführlich den Akt des Sterbens und unter anderem wie die Seele im Sterbeakt als bläulicher Nebel aus dem Herz- und Kronenchakra aufsteigt, kurz über dem Toten verweilt und dann durch die Decke des Raumes entschwindet.

Wissenschaftlich lassen sich die obigen Aussagen über kontrollierte Experimente nicht beweisen – die völlig konsistenten Beschreibungen aus unterschiedlichen Quellen legen allerdings einen soliden Induktionsschluss[33] nahe.

All diesen Erfahrungen ist gemein, dass der Tod sich als Übergang von einer Existenz in eine weitere darstellt. Dabei wird der Aufenthalt als überaus angenehm geschildert. Nach einer gewissen Zeit bei verwandten Seelen sondert sich die eigene Seele ab und geht als neue Reinkarnation in ein neues Leben, um neue Erfahrungen zu sammeln – um etwas Neues zu lernen. Darauf folgt dann ein neuer Tod mit einer erneuten Rückkehr ins Jenseits. Der Akt des Todes wird jeweils als eine Befreiung von der Last des Lebens dargestellt. Diese Vorstellung der Unsterblichkeit der Seele und das Interesse am Leben nach dem Tod finden sich bereits in der Antike, besonders auch bei Platon und Aristoteles. Die Seelenwanderung ist ebenfalls ein fundamentaler Bestandteil indischer wie buddhistischer Religion oder Philosophie.

Damit löst sich das Hauptbedrohungspotenzial der christlichen Kirche – der Schrecken des Todes und das ewige Fegefeuer, die ewige Hölle für ein sündiges, nicht kirchengerechtes Leben – auf.

Mit dieser Einstellung ginge eine deutliche Veränderung und Befreiung der Denkhorizonte einher.

32 Imhoff, Beat: *Wohin unsere letzte Reise geht: Die Rückkehr in die jenseitige Heimat*, Grafing, 2018.

33 Russel, Bertrand: *The Problems of Philosophy*, London, 1912. Siehe Kapitel 12 "On Induction", S. 67 f.

Strikte Trennung von Geist und Körper

In der Konsequenz des materialistischen Weltbildes wird der Körper als „Quasi-Maschine" verstanden, die dem Geist dient und weitgehend unabhängig von ihm existiert. Diese Trennung geht übrigens ebenfalls auf Aristoteles zurück, wurde später von Descartes aufgenommen und hat damit eine sehr lange geistige Tradition. Die dem newtonschen Denkprinzip verhaftete Schulmedizin folgt diesem Paradigma. Der Körper wird durch mehr oder minder mechanische Einwirkung geheilt – durch Medikamente, chirurgischen Eingriff oder Massage und manuelle Therapie. Entsprechend der der Materie folgenden Spezialisierung erfolgt nicht nur eine Trennung in Geist und Körper, sondern der Körper wurde in immer kleinere Einheiten ärztlicher Teildisziplinen unterteilt. Die traditionelle chinesische Medizin, der zufolge Meridiane die einzelnen Körperteile miteinander verbinden, sieht hingegen die Zusammenhänge noch deutlich ausgeprägter, so dass beispielsweise Probleme bei einigen Zähnen zu Dysfunktionen in Teilen der Lunge führen. Für Schulmediziner bedeutet dies eine völlig neue Weltsicht. Mittlerweile beginnt dieses Verknüpfungsdenken auch in Teilen der westlichen Medizin Platz zu greifen, wie zum Beispiel in der ganzheitlichen Medizin und dem Ansatz der Fußreflexzonenmassage. Dies sind jedoch nur zarte Ansätze einer Veränderung, die Grundtendenz ist noch voll intakt. Die Einteilung der „Facharztdisziplinen" an der Universität und in der ärztlichen Praxis und die damit verbundenen finanziellen „Pfründe" werden auch in Zukunft ein grundlegendes Revirement dieses Systems weitgehend behindern.

Bereits Untersuchungen des „Spiegel" im Jahre 1998 ergaben, dass bei der Verordnung von Pharmazeutika der Heilerfolg zu rund 80 Prozent auf dem sogenannten Placeboeffekt beruhen: Die Überzeugung des Patienten, das vom Arzt verordnete Medikament werde schon helfen, aktiviert die Selbstheilungskräfte des Kranken in einer Weise, dass eine erfolgreiche Heilung gelingt. Auch Kontrollversuche mit Fake-Medikamenten, wie beispielsweise Zuckerlösungen, führen zu prozentual gleichen Ergebnissen. Ähnliches wurde bei Fake-Operationen beobachtet. Vorgetäuschte chirurgische Eingriffe[34] führen prozentual zu fast gleichen Heilerfolgen wie echte Behandlungen. Ursachenforschung ergab, dass die Psyche (der Geist) offenbar einen weitaus größeren Einfluss auf die Heilung des Körpers hat als bisher angenommen. Dispenza hebt die große Bedeutung für die praktische ärztliche Therapie hervor. Es geht nicht nur um die umfassende „Vernetzung" einzelner Körperteile, sondern es steht die Aussage, dass circa 80 Prozent aller Krankheiten psychisch bedingt sind. Dies gelte insbesondere für Krebs und Herz-Kreislauferkrankungen – die häufigsten Zivilisationskrankheiten. Eine Heilung bestimmter Krankheiten setze folglich die Heilung der Psyche voraus – ein Ansatz, der den Systementwurf der Schulmedizin grundlegend infrage stellt.

Dominanz des Stärkeren – Darwinsche Evolutionstheorie

Wohl keine wissenschaftliche Lehre hat das Weltbild der westlichen Welt und das Zusammenleben der Menschen nachhaltiger geprägt als die „Erkenntnis" von Charles Darwin,[35] dass die einzelnen Spezies – auch die Menschen – Produkte einer Evolution aus vorangegangenen Vorformen der Spezies sind, wobei nach Mutationsschüben die jeweils stärkste, „fitteste", Spezies überlebt, sich durchsetzt und vermehrt.

Vor 150 Jahren – nach einem längeren Aufenthalt auf den Galapagosinseln – präsentierte er seine Erkenntnis, alle lebenden Organismen befänden sich in einem ständigen Kampf ums Überleben. Kampf und Gewalt seien nicht nur Teil der tierischen und menschlichen Natur, sondern die dem evolutionären Fortschritt zugrunde liegenden Kräfte. Im Schlusskapitel seines Hauptwerkes „Der Ursprung der Arten" schrieb Darwin von einem unausweichlichen „Kampf ums Überleben", sodass die Evolution durch einen

34 Dispenza, Joe: Siehe oben, S. 48.

35 Darwin, Charles: Siehe oben.

Kampf der Natur gegen Hunger und Tod vorangetrieben werde. Zusammen mit seiner Hypothese, die Evolution werde durch den Zufall bestimmt, ergibt sich eine Welt, der Alfred Lord Tennyson in poetischer Manier „blutige Zähne und Klauen“ zuschreibt: das Leben als eine endlose Abfolge sinnloser, grausamer Schlachten um Überleben.

Der Untertitel von „Der Ursprung der Arten“ lautet „Die Erhaltung der begünstigten Rassen im Kampf um das Dasein“. In der Lesart, die sich seitdem gesellschaftlich durchgesetzt hat, ist das Leben ein einziger Kampf um Leben und Ressourcen, bei dem die Reichen „die Fittesten“ sind – unabhängig davon, wie sie das erreichen. Diesem „wissenschaftlichen“ Prinzip zufolge verdienen die genetisch weniger Fitten nur das, was übrigbleibt – wenn überhaupt etwas. Diese Geisteshaltung hat zu endlosen Kriegen um wirtschaftliche Ressourcen, materiellen Besitz und exzessiven Konsum geführt, zur Ausbeutung dieser Ressourcen und zu immer ungleicherer Verteilung des Wohlstandes auf einem zunehmend ausgeplünderten Planeten.

Darwin selbst hat sich zwar von dieser Auslegung frühzeitig distanziert. Doch sobald die Büchse der Pandora geöffnet war, haben sich Politiker und andere Machthungrige dieser Argumentation bemächtigt – gerade auch in rassistischer und faschistischer Manier, um ihre vorgefertigten Machtlegitimierungsstrategien zu untermauern.

Ob Familie, Kindergarten, Schule, Universität, Wirtschaft, Politik oder Sozialleben – überall hat dieses Paradigma das Zusammenleben der Menschen geprägt und einer Hierarchisierung und Autokratisierung Vorschub geleistet. „The lonely strong wolf“ – sei es in Person von John Wayne oder Gary Cooper im High Noon – wurde in weiten Teilen der westlichen Welt zum Rollenideal der männlichen Jugend.

Bei fast jeder nationalistischen und noch eher faschistischen oder gar rassistischen Regierung in der Vergangenheit wie auch in der Gegenwart wird Darwin zur Legitimation einer mehr oder minder rücksichtslosen Vorgehensweise bemüht. Donald Trump mit seiner Aussage über den „überlegenen Genpool seiner Familie“ ist hier nur ein jüngeres Beispiel.

Dabei war Darwin offenbar keineswegs der erste Evolutionstheoretiker.

Etwa 50 Jahre vor ihm hat Jean-Baptiste de Lamarck[36] als erster die Evolution als hypothetisches Konstrukt eingeführt, wobei die Evolution bei ihm auf einer „instruktiven" kooperativen Interaktion zwischen Organismen und ihrer Umgebung beruhte. Lamarck hatte allerdings das Problem, dass die christliche Kirche von Anfang an seine Theorie unter Beschuss nahm wegen der inhärenten Gotteslästerung, dass sich der Mensch aus niederen Lebensformen entwickelt habe.

Schließlich hat auch Darwin am Ende seines Lebens auf „the survival of the most cooperative" hingewiesen. Und auch die heutige Diskussion über die Herkunft des Menschen legt die Hypothese nahe, dass der Homo sapiens sich gegenüber dem Neandertaler nicht wegen überlegener Physis, sondern aufgrund höherer Kommunikationsfähigkeit und Kooperationsintelligenz untereinander durchgesetzt hat.

Darwin schrieb damals:

„Meiner Meinung nach war der größte Fehler, der mir unterlaufen ist, dass ich neben der natürlichen Auslese dem Einfluss der Umgebung, Nahrung, Klima, und Kooperation nicht die Bedeutung zugemessen habe. Zu Beginn fand ich nur dürftige Hinweise auf den direkten Einfluss der Umgebung, aber mittlerweile gibt es zahlreiche Belege dafür."[37]

Wie würde die öffentliche Diskussion zu den Themen Kooperation, Führung und Nationalismus aussehen, wenn die korrekte darwinsche These breiter bekannt und entsprechend Ausgangsparadigma von führungstheoretischen und politischen Diskursen wäre?[38]

---

36 Lamarck, J.-B. P. A. de M., *Chevalier de: Zoological Philosophy: An exposition with Regard to the Natural History of Animals*, London, 1914. Erstveröffentlichung Paris, 1809.

37 Darwin, F., Hrsg., Charles Darwin: *Life and Letters*, London, 1919, Brief an Moritz Wagner, 1876.

38 In seinem Weltbestseller „Sapiens" hat Yuval Noah Harari die überlegene Kooperations- und Kommunikationsfähigkeit des Homo sapiens als entscheidende Befähigung für die Welteroberung herausgestellt.

Ererbte Gene als Persönlichkeitsdeterminanten

Ein zweiter, nicht weniger einflussreicher Aspekt der darwinschen Lehre ist der „wissenschaftliche Befund", dass etwa 70 Prozent der Persönlichkeit genetisch bestimmt seien.[39] „Die individuellen Anlagen werden von den Eltern an die Kinder weitervererbt – diese Erbfaktoren steuern die Eigenschaften unseres individuellen Lebens." Das heißt, mit der Geburt sind ein überwiegender Teil der Physis und der Psyche, der Persönlichkeit, weite Teile des Schicksals, die Krankheiten und deren Verlauf vorbestimmt. Die Schlussfolgerung für das Individuum lautet folglich: Eine Veränderung ist nur sehr begrenzt möglich – man möge sich mit seinem Schicksal abfinden.

Ärzte bemühen regelmäßig die genetische Bestimmung – die Veranlagung – für die Erklärung von Krankheitserscheinungen, die sie selbst jedoch nicht restlos erklären können. Man könnte hier auch die Taktik vermuten, sicherstellen zu wollen, dass ihre Autorität nicht infrage gestellt wird.

Neuere Forschungsergebnisse von Lipton, Braden und insbesondere Church, Yount, Rachlin, Fox & Nelms[40] zeigen hingegen etwas völlig anderes: Nur etwa 20 Prozent der physischen und psychischen Veranlagung sind genetisch determiniert. 80 Prozent sind umweltabhängig und damit der selbstbestimmten Veränderung – insbesondere durch gezielte Meditation – zugänglich. Es wird berichtet, dass über 72 Gene unter anderem folgende Aufgaben und Funktionen geregelt werden können: Unterdrückung von Krebstumoren, Steigerung der Immunität, Steigerung der Fruchtbarkeit von Männern, Aufbau weißer Hirnsubstanz, Stoffwechselregulierung, erhöhte Neuroplastizität und Stärkung der Zellmembranen.[41]

---

39 Darwin, Charles: *The Origin of Species by means of Natural Selection or the Preservation of Favoured Races in the Struggle for Life*, London, 1859.

40 Church, D., Yount, G., Rachlin, K., Fox, L. & Nelms, J.: *Epigenetic Effects of PTSD Remediation in Veterans Using Clinical Emotional Freedom Techniques: A Randomized Controlled Pilot Study*, in: American Journal of Health Promotion, 2016, S. 1-11, doi 10.1177/0890117116661154.

41 Maharaj, M.E.: *Differential Gene Expression after Emotional Freedom Techniques (EFT) Treatment: A Novel Pilot Protocol for Salivary mRNA Assessment*, in: Energy Psychology: Theory, Research and Treatment, 8 (1), S. 17-32, doi 10.9769/EPJ.2016,8,1,MM.
Ebenso: Lipton, Bruce, siehe oben, S. 220.

Diese Befunde haben erheblichen Einfluss auf das Bewusstsein: Eine 80-prozentige genetische Prädisposition – wie zunächst von Darwin postuliert – induziert eine erhebliche „Schicksalsergebenheit", die die gesamte Persönlichkeit bestimmt. Wenn man beispielsweise aus einer „Krebsfamilie" – Vater, Mutter und die Geschwister, alle haben früher oder später Krebs – stammt, dann geht man früher oder später selbst dem Krebs entgegen. Eine Aufbruchstimmung, das eigene Schicksal, die Verwirklichung seiner Visionen und Träume einschließlich der eigenen Gesundheit in die eigene Hand zu nehmen, wird hiermit a priori ad absurdum geführt: Man habe sein eigenes vorbestimmtes Schicksal „herunterzuleben". Welche Befreiung dagegen bedeuten die obigen Forschungsergebnisse!

In Verbindung mit der Dominanz des Stärkeren wären somit Führungspositionen und glückliche Lebensverläufe genetisch vorbestimmt; ebenso wie Untergebenenpositionen und unglückliche Lebensverläufe. Die Chancen einer Selbstverwirklichung lägen mit rund 20 Prozent im vernachlässigbaren Bereich. Demnach wird ein Leben nicht gestaltet, sondern als unverrückbares Schicksal akzeptiert.

Bringt man jedoch diese zugrundeliegenden Glaubenssätze unserer westlichen Geisteshaltung auf den Boden der Tatsachen und beginnt sie zu hinterfragen, dann sind die Freiheits- und Entscheidungsgrade deutlich größer, als uns allgemein vermittelt wird.

6.

WARUM SIND WIR IM ÜBERHOLTEN DENKEN STEHEN GEBLIEBEN?

Die bis hierher vorgestellten und diskutierten Einwände und Kritikpunkte sind beträchtlich. Der bislang bewirkte Wandel jedoch bestenfalls marginal.

Trotz der offenkundigen Ressourcenverschwendung und Zerstörung der Umwelt durch die derzeitige Verfassung der Weltwirtschaft, trotz der offenkundigen wissenschaftlichen Verkrustung der Schulmedizin in ihren mannigfachen Verästelungen gegenüber den Innovationsangeboten speziell der fernöstlichen Therapieangebote, trotz des ebenso weitestgehenden Versagens der christlichen Kirchen in Bezug auf ihren Auftrag „das Evangelium in die Welt zu bringen“ – angesichts des grassierenden Mitgliederschwundes, der enormen unaufgearbeiteten Missbrauchsfälle, der riesigen verwalteten Vermögen und der beträchtlichen spirituellen Unterversorgung der Bevölkerung in der westlichen Welt – trotz all dieser erheblichen und offenkundigen Fehlsteuerungen besteht eine stupende Verharrung im Status quo.

Vermutlich sind hierfür im Wesentlichen vier Hauptgründe verantwortlich:

1. Die unglaublich profunde und flächendeckende Erziehung zur Logik

Die „Gehirnwäsche“ bezüglich der Omnipräsenz und Omnipotenz der Logik läuft umfassend seit weit über 200 bis 300 Jahren und hat die Kultur und geistige Verfassung der westlichen Welt vollständig und nachhaltig durchdrungen.

Beginnend im Kindergarten über Grundschule, Gymnasium, Universität ist die Erziehung zur Logik flächendeckend und systematisch. Die Fähigkeit zum logischen Denken bahnt den Weg zum beruflichen Aufstieg, zum wirtschaftlichen Erfolg und zum gesellschaftlichen Status. Der Intelligenzquotient, der zu etwa 70 Prozent auf reiner Logik beruht, korreliert bis zum Grad von 120 bis 125 stark positiv mit beruflichem Erfolg. Logisch Hochbegabte sind interessanterweise nicht sehr erfolgreich. Denn für den Erfolg sind eine Reihe anderer geistiger oder persönlicher Qualifikationen erforderlich, wie Teamfähigkeit, Empathiefähigkeit und Sensibilität. Trotz alledem wird in der allgemeinen Meinung Intelligenz mit Logik gleichgesetzt. Emotionale Intelligenz und starke Intuition sind Fähigkeiten, die auf dem Weg der Erziehung zur Logik interessanterweise teilweise aberzogen werden.

Die konsequente Erziehung zur Logik hat über den Materialismus hinaus mit der Vernunft und der Sachlichkeit Folgeprinzipien kreiert, die das gesamte Leben bis in alle Verästelungen hinein bestimmen. Vernunft oder Rationalität ist ein durch Denken bestimmtes, geistiges Vermögen der Menschen zur Erkenntnis. Sachlichkeit ist ein an der Sache – gemeint ist Materie – und nicht an Gefühlen orientiertes Verhalten.

Die allgemeine Geltung und Anerkennung der Logik ist so hoch, dass man es sich im sozialen Umfeld nicht leisten kann, auf ihre Schwächen hinzuweisen, geschweige denn, sie zu hinterfragen.

Dieser Mechanismus transportiert und perpetuiert das logische Prinzip in alle Bereiche des menschlichen Lebens. Da Gefühle der Sachlichkeit und der Ratio zunächst widersprechen, sind sie a priori negativ besetzt. „Sei nicht so emotional", war früher ein gängiger Vorwurf im Zusammenleben; das mag heutzutage etwas weniger der Fall sein. Die Sachlichkeit und Ratio ziehen sich jedoch immer noch auch in zwischenmenschliche Beziehungen, kindliche Erziehung und Liebesbeziehungen hinein.

Gleiches gilt für die Erwähnung der Mystik und der Spiritualität, die rasch mit herabwürdigendem oder gönnerhaftem Lächeln quittiert werden. Wer sich im Besitz der unhinterfragten Logik wähnt, fühlt sich allem überlegen.

Auch auf dem Gebiet der Gesundheit ruft die Erwähnung von alternativen Medizinformen, wie Homöopathie, Bioresonanztherapie oder Geistheilung mehrheitlich Spott hervor. Die Schulmedizin sei überlegen und alles andere bestenfalls „Hokuspokus".

2. Die generelle Angst gegenüber Neuem und Ungewohntem

Es ist ein wesentlicher Bestandteil menschlicher Psyche, beim Bestehenden zu verharren, alles Neue als Bedrohung zu verstehen und es daher abzulehnen. Geschuldet ist dies dem Überlebensinstinkt unserer Ahnen, die über sechs Millionen Jahre nur Bekanntes und Bewährtes weitergaben, das ihnen eine sichere Lebensbasis gab. Wie viele der Innovatoren prozentual überlebten und gegebenenfalls erfolgreicher waren, ist nicht überliefert. Dieses instinktive Muster wirkt sich auch im aktuellen Alltag aus. Immerhin hat die westliche Welt einen Lebensstandard, einen Komfortlevel und einen Grad des wissenschaftlichen Fortschritts erreicht, den sie im Wesentlichen der konsequenten Anwendung der Logik verdankt – warum dies infrage stellen?

3. Das „Innovator's Dilemma"

Clayton Christensen[42] untersuchte die wesentlichen Innovationsblockaden von Unternehmen: Es war der Erfolg. Erfolgreiche Unternehmen wehren sich vehement dagegen ihr Businessmodell zu hinterfragen, geschweige denn zu ändern. Warum auch, es läuft doch alles prächtig?! Jeder Erfolg scheint eine Trägheit und Beharrung mit sich zu bringen. Die Geschichte der Wirtschaftsunternehmen ist voll von Beispielen des Untergangs ehemals erfolgreicher Weltmarktführer.

ATT war in den sechziger Jahren das wertvollste Unternehmen im Dow Jones und beherrschte die Welttelekommunikationstechnologie – wer kennt es heute noch angesichts der Dominanz des Mobilfunks?

IBM hielt in den siebziger Jahren nahezu das Weltmonopol der Computertechnik – aus ehemaligen Mitarbeitern entstanden SAP und Hewlett Packard. Die Arroganz der IBMler war sprichwörtlich. Nach Jahren am Rande des Bankrotts hat IBM sich mittlerweile als Informationsdienstleister etabliert – mit mäßigem Erfolg.

---

42 Christensen, Clayton M.: *The Innovators Dilemma, Warum etablierte Unternehmen den Wettbewerb um bahnbrechende Innovationen verlieren*, München, 2011.

General Electric war in den achtziger Jahren das wertvollste Unternehmen der amerikanischen Börse, Weltmarktführer der Elektroindustrie und CEO Jack Welch galt als der „Manager des Jahrhunderts". Mittlerweile ist General Electric ein Sanierungsfall und wurde von Siemens, einer der Erfinder der Elektroindustrie zu Beginn des 20. Jahrhunderts, nach jahrelangen Anpassungskrisen durch konsequente Innovation überholt.

4. Das Wohlstands- und Statusgefüge

Mit den naturwissenschaftlichen und wirtschaftlichen Erfolgen und der Auslese der Führungskräfte auf der Basis der Fähigkeit zum logischen Denken entstand eine Wohlstands- und Statuselite auf der Basis der Logik über alle Bereiche, Disziplinen, Wissenschaften und Funktionen hinweg, sowie in tief gestaffelten und festgefügten Strukturen der Gegenbestätigung. Durch Peer Pressure auf gleicher Ebene und Verteidigungsdruck nach unten wird die Beibehaltung des logischen Prinzips nur noch weiter verstärkt.

Mit einem Besitz von derartigem Wissen geht in der Regel eine Arroganz der Besitzenden einher, was dazu führt, dass sie immun werden gegenüber allem Neuen, was den bestehenden Besitzstand hinterfragen könnte. Neben dieser Arroganz angesiedelt ist „Complacency", Selbstzufriedenheit und Selbstgefälligkeit; was die Passivität der Systeme und beteiligten Menschen noch verstärkt.

Nur den Ranghöchsten ist eine Hinterfragung oder gegebenenfalls eine Erweiterung der Denkdisziplinen gestattet – keinesfalls den unteren und mittleren im Statusgefüge.[43]

Ein prominentes Beispiel hierfür ist die bereits oben geschilderte derzeitige deutsche Schulmedizin: Die deutsche Gesundheitsindustrie hat ein Geschäftsvolumen von 407,4 Mrd. € und 5,7 Mio. Beschäftigte. Damit ist es die zweitgrößte deutsche Industrie.

---

43 Hofstätter, Peter R.: *Gruppendynamik. Kritik der Massenpsychologie*, München, 1971, S. 134.

Die Schulmedizin – persifliert als mechanistische, chemische und Apparatemedizin, verharrend auf dem newtonschen Denkprinzip – steht stark unter Druck aus verschiedenen Richtungen: Gesamtheitsmedizin, Homöopathie, Energiemedizin, spiritueller Medizin. Da die Krankenversicherungen allerdings primär nur das honorieren, was die Schulmedizin abdeckt – exekutiert von internen schulmedizinischen Gutachtern – ist sie damit weitgehend erstarrt in ihrer Weiterentwicklung. Derart tief verwurzelt und sozial gut abgesichert beherrscht das logische Denkprinzip das westliche Kognitionssystem – in Arroganz und Wohlstand erstarrt. Eine Innovation – zumal, wenn sie die Grundfesten dieses System hinterfragt – droht dieses festgefügte eingeschwungene System in Frage zu stellen. Das System wird daher alles tun, dies zu verhindern.

Ich hielt am 5. Oktober 2019 in Mannheim auf der Jahrestagung der deutschen Mind-Akademie, des Vereins der Menschen mit einem Intelligenzquotienten über 130 – also logisch Hochbegabten – einen Vortrag zum Thema „Intelligenz jenseits der Logik – die anderen 80 Prozent". Hier wurden Ideen dieses Buches vor- und zur Diskussion gestellt. Erwartungsgemäß verlief die Diskussion sehr intensiv und kontrovers, als es zu den Grenzen der Logik, zur Struktur des IQ von 70 Prozent Logik und 30 Prozent linguistische Intelligenz und schließlich zur Heilung durch spirituelle Intelligenz kam. Zur Seite sprang mir ein Professor einer deutschen Eliteuniversität, der unter anderem von seiner Krebsheilung durch indigene Schamanen im Amazonasgebiet berichtete, und von deren hochentwickelter anderer Intelligenz berichtete. Er kommentierte die Heftigkeit der Diskussion mit dem Befund, dass durch meine weitreichenden Thesen „das Weltbild" und die Identität dieser Gralshüter der Logik hinterfragt würde. Er selbst könnte unter Professorenkollegen seiner Universität nur in Versform über seine Erlebnisse und Erkenntnisse berichten – so „aus der Welt" sei es, an einer Universität die über alles erhabene Hegemonie der Logik zu hinterfragen. Dies jedoch, fügte er hinzu, würde er auf seinen Amtseid nehmen.

7.

WELCHES SIND UNSERE WEITEREN INTELLIGENZPOTENZIALE? DREI GEHIRNE – FÜNF FREQUENZEN

Gemäß Thomas Kuhn entwickeln sich Wissenschaftssysteme in aufeinander folgenden Paradigmen – Grundeinsichten – die allen wissenschaftlichen Fragestellungen, Beweisen und Erkenntnissen als zentrales, unhinterfragbares Muster zugrunde liegen. Wenn Widersprüche auftreten, werden Hilfssätze erfunden, die diese Inkonsistenzen erklären sollen. Ein Wechsel zu einem neuen Paradigma funktioniert nur mit einem kompletten Austausch des Denkstils sowie der Wissenschaftler und der geltenden Wissenschaftsmeinung. Es sind die neuen Wissenschaftsvertreter, die immer zahlreicher und einflussreicher werden und das neue Paradigma durchsetzen. Die alte „Scientific Community" wird das alte Paradigma bis zum Schluss verteidigen.

Angesichts der oben dargelegten Dysfunktionalitäten der mechanistischen Logik Newtons, neben dem zunehmenden Zustrom von neueren wissenschaftlichen Erkenntnissen, sehr produktiven ostasiatischen Denkmustern und der exponentiellen Zunahme der „Konvertiten" deutet sich der Übergang zu einem neuen Intelligenzparadigma an.

Wie bereits oben dargelegt, bedeutet die Einführung und Durchsetzung des logischen Denkens eine Verengung und Fokussierung der kognitiven Fähigkeiten auf nur einen kleinen Teil der mentalen Aktivitäten des Menschen. Intelligenz erstreckt sich aber über den gesamten Körper: Jede Zelle, jeder Zellverbund, jedes Organ hat ganz eigene intelligente Funktionen. Und die Koordinaten gehen sogar noch darüber hinaus, wie wir später sehen werden.

Da sich die Logik jedoch ausschließlich auf eine reine Gehirnfunktion bezieht, wollen wir in der Erörterung der Öffnung und Erweiterung zunächst mit dem Gehirn beginnen, dem durchaus zentralen Intelligenzorgan.

Unser derzeitiges Gehirn ist eine Art Zeitkapsel der menschlichen Evolution und deren Archiv ist sehr lang. Vor 500 bis 300 Millionen Jahren entwickelten sich das Kleinhirn und der Hirnstamm. Es sitzt dort, wo das Rückenmark ins Gehirn eintritt. Dieser primitivste Teil unseres Gehirns macht bei Reptilien den größten Teil ihrer Hirnmasse aus und heißt deshalb auch oft „reptilisches Gehirn". Hier haben die Koordinationsfähigkeit, die unbewusste Wahrnehmung von Bewegung und Raum und die Steuerung der Bewegungen ihren Sitz. Es koordiniert Bewegungen und unterstützt fest verankerte Erinnerungen und Verhaltensmuster. Bestimmte einfache Handlungen und Reaktionen werden durch das Kleinhirn erlernt, koordiniert und abgespeichert. Fest verschaltete innere Haltungen, emotionale Reaktionen, Gewohnheiten, konditionierte Verhaltensweisen und unbewusste Reflexe sind alle im Kleinhirn verankert.

Vor 150 bis 300 Millionen Jahren entstand das Mittelhirn, auch limbisches Gehirn genannt. Es ist bei Säugetieren besonders ausgeprägt. Es hat einen großen Einfluss auf unser Verhalten, weshalb es auch als „emotionales Gehirn" bezeichnet wird. Chemische Prozesse wie die automatische Kontrolle unserer Körpertemperatur, unseres Blutdrucks, der Verdauung sowie des Hormonhaushalts werden vom Mittelhirn gesteuert.

Es besteht aus: Thalamus, Hypothalamus, Hypophyse, Epiphyse, Hippocampus, Amygdala und den Basalganglien. Der Thalamus ist der älteste und größte Teil des Mittelhirns. Er ist die Schaltzentrale, die Signale der Sinnesorgane an die anderen Hirnbereiche weiterleitet. Dazu ist er mit allen Teilen des Körpers und des Gehirns verbunden.

Der Hypothalamus ist quasi die chemische Fabrik, weil es über chemische Botenstoffe das innere System untereinander reguliert und mit der äußeren Umgebung ins Gleichgewicht bringt. Im Zusammenhang mit dieser sogenannten Homöostase (Selbstregulierung des Körpers) unterstehen dem Hypothalamus viele lebenswichtige Körperfunktionen wie Appetit, Durst, Schlaf, Wachen, Blutzuckerspiegel, Körpertemperatur, Blutdruck, Hormonspiegel, Immunreaktionen und Stoffwechsel. Er spielt auch bei Emotionen eine wichtige Rolle. Hier werden die chemischen Stoffe hergestellt, die bewirken, dass wir uns so fühlen, wie wir gerade gedacht oder reagiert haben. Im Stressfall bereitet der Hypothalamus den Körper auf Flucht oder Angriff vor und blockiert zugleich die anderen Körperfunktionen.

Die Hypophyse – auch Hirnanhangdrüse – schüttet chemische Stoffe aus, die Einfluss auf die Körperhormone nehmen. Sie hilft dem Hypothalamus mit der Erzeugung von Hormonsignalen für die wichtigen Körperdrüsen wie Adrenalindrüse, Schilddrüse und die Keimdrüsen.

Die Epiphyse sitzt im hinteren Bereich des Mittelhirns über dem Kleinhirn. Sie nimmt mit chemischen Mitteln Einfluss auf den Schlaf-Wach-Rhythmus. Sie ist die „innere Uhr" des Gehirns. Sie schüttet bei Tageslicht Serotonin aus und bei Nacht Melatonin.

Im Hippocampus sitzt das Langzeitgedächtnis. Als „Verrechnungsstelle der Erinnerungen" sortiert der Hippocampus eingehende Informationen danach, ob sie kurzfristige oder langfristige Bedeutung haben. Er speichert die Erfahrungen in Assoziation mit Menschen, Orten, Dingen, Zeit und Ereignissen. Zudem hilft der Hippocampus, uns mit Neuem bekannt zu machen.

Die Amygdala versetzt den Körper bei Gefahr in Alarmbereitschaft. Diese Gehirnregion ist vordringlich für die Erzeugung von Angst zuständig, außerdem steuert sie vier ursprüngliche Gefühle mit hoher emotionaler Ladung: Aggression, Freude, Traurigkeit und Angst. Und sie trägt dazu bei, dass wir unsere Langzeiterinnerungen mit bestimmten emotionalen Zuständen verknüpfen. In einer lebensbedrohlichen Lage verschafft die Amygdala sich schnell einen handlungsbezogenen Überblick des äußeren Umfeldes. Sie aktiviert den Körper schon, bevor er der drohenden Gefahr bewusst geworden ist in „präkognitiver Wahrnehmung". Dieser Effekt der Umgehung des Bewusstseins des Großhirns zur sofortigen Aktion bei Gefahr hat den Menschen wahrscheinlich in der Vergangenheit das Überleben gesichert. Ist die Amygdala aktiviert, erzeugen sich auch Emotionen wie Wut und Aggression, um uns in potenziell bedrohlichen Situationen zu helfen. Nach neueren Studien soll die Amygdala mit dem Speichern emotionaler Erinnerungen und der von diesen Erinnerungen bestimmten Wahrnehmung gegenwärtiger Situationen in Zusammenhang stehen. Stark emotional aufgeladene Erfahrungen, in denen Ärger, Angst, Trauer oder Freude eine Rolle spielten, werden in der Amygdala langfristig bewahrt. Die Gehirnforschung kann dies jedoch noch nicht näher lokalisieren.

Basalganglien sind komplizierte, mit dem Großhirn (Neocortex) verbundene neurologische Netzwerke, die in jeder Hälfte des Mittelhirns unterhalb des Neocortex und über den tieferen Strukturen des Mittelhirns sitzen. Hier werden Gedanken und Gefühle mit körperlicher Aktivität verknüpft. Sobald eine körperliche Bewegung oder ein körperlicher Bewegungsablauf bewusst gelernt und bewusst wiederholt worden ist, übernehmen die Basalganglien gemeinsam mit dem Cerebellum die Koordination der Bewegungen. Das heißt „geniale Golfschwünge" oder Tennisaufschläge entstehen hier.

Das dritte und jüngste Gehirn ist das Großhirn, der Neocortex. Der Neocortex ist der Sitz unserer Bewusstheit und unserer Kreativität. Er ist unser denkendes, vernünftiges Gehirn. Damit lernen und erinnern wir uns an alles, was wir in der äußeren Welt erfahren, um unser Handeln so verändern zu können, dass wir es das nächste Mal besser oder anders machen können. Wenn unser Gehirn aktiv sogenannte „höhere Funktionen" erfüllt – wenn wir denken, planen, lernen, uns erinnern, kreieren, analysieren, verbal kommunizieren – arbeitet unser Neocortex. Er macht rund 2/3 des menschlichen Gehirns aus und besteht aus einer inneren, stützenden, und einer äußeren Schicht. Um das Mittelhirn herum im inneren Teil findet man vor allem weiße Substanz, von einer fetthaltigen Myelinschicht umgebene Nervenzellen und Gliazellen, die im zentralen Nervensystem vor allem eine Bindegewebsfunktion haben. Gliazellen haben ihr eigenes, von den Nervenzellen unabhängiges Kommunikationssystem. Die äußere Schicht des Neocortex hat graue Substanz und besteht aus zwei ähnlich großen Teilen, die das Mittelhirn und den Hirnstamm umschließen. Jede Hemisphäre steuert – quasi über Kreuz – die entgegengesetzte Seite des Körpers. Die beiden Hälften sind jedoch nicht vollständig voneinander getrennt, ein dickes Band von Nervenfasern beziehungsweise weißer Substanz – das Corpus callosum – verbindet es. Dieses Verbindungsstück bildet das dickste Bündel von Nervenfasern im Körper.

Querschnitt durch das Gehirn

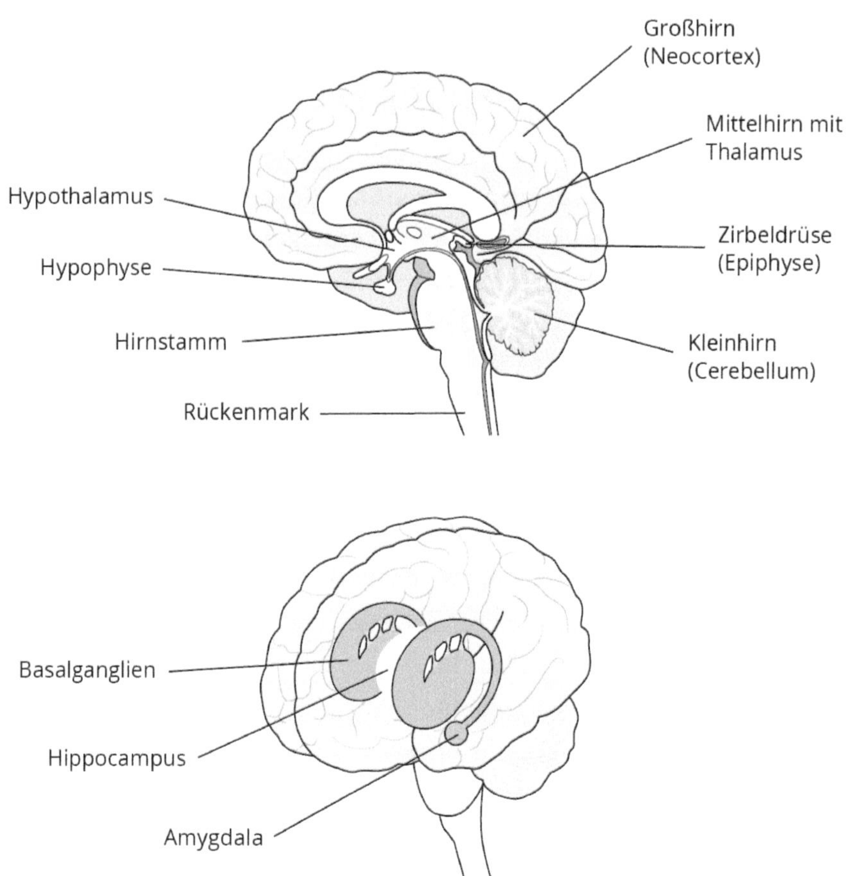

Die beiden cerebralen Hemisphären sind in je vier Regionen – die „Lappen" – unterteilt: zwei Frontal- oder Stirnlappen, zwei Parietal- oder Scheitellappen, zwei Temporal- oder Schläfenlappen sowie zwei Okzipital- oder Hinterhauptlappen. Jeder dieser Bereiche ist für andere sensorische Informationen, motorische Fähigkeiten und mentale Funktionen eingerichtet und dient unterschiedlichen Aufgaben. Die zwei Frontallappen sind für willkürliches Handeln und für die Ausrichtung unserer Aufmerksamkeit zuständig und koordinieren fast alle Funktionen des restlichen Gehirns. Auch das Sprachzentrum ist Teil des Frontallappens. Die Parietallappen verarbeiten alle Empfindungen, die mit Berührung und dem Tastsinn zu tun haben, sowie visuell-räumliche Aufgaben und die Körperorientierung. In den Temporallappen geht es um Geräusche, Gerüche, Lernen, Sprache und Erinnerung. Die Okzipitallappen verarbeiten visuelle Informationen.

Generell haben in der linken Gehirnhälfte die kognitiven Funktionen – die Fähigkeiten zum Sprechen, zum analytischen Denken und zur Logik – ihren Ort: Es stellt gewohnte, automatisierte Informations- und Verhaltensmuster zur Verfügung. Die rechte Gehirnhälfte ist darauf spezialisiert, neue Informationen zu verarbeiten. Sie ist kreativ, intuitiv und auf Neues ausgerichtet. Wenn Musik für uns neu ist, wird sie in der rechten Hälfte verarbeitet, kennen wir sie in der linken.

Diese Zuordnung kognitiver Fähigkeiten zu bestimmten Gehirnbereichen ist zunächst noch grob überschlägig – im Detail ist dies bisher mit letzter Präzision noch nicht möglich.

Neben diesen Gehirnbereichen gibt es die das gesamte Gehirn erfassenden Gehirnschwingungen. Tausende von Studien zeigen die Frequenzfenster von Energiefeldern auf, welche Zellen und Moleküle beeinflussen. Frequenzen, die von unseren Gehirnwellen erzeugt werden, insbesondere Delta, Theta, Alpha und Gamma kommen im Körper von Natur aus vor. Eine Veränderung der Gehirnfrequenzen wirkt sich auf die Zellen aus, entsprechend können natürlich erzeugte Gehirnwellen unser Zellmilieu verändern.

Delta ist mit einem Frequenzband von 0 bis 4 Hz die langsamste Art von Gehirnwellen und wird mit vielen positiven Veränderungen im lebenden Gewebe assoziiert. Wichtige Forschungsarbeiten zeigen eine Verbindung zwischen Heilung und Delta-Frequenzen. In der Tiefschlafphase erreichen Delta-Schwingungen normalerweise ihren Höhepunkt. In der Delta-Phase ist die Sekretion von Wachstumshormonen am höchsten, die Telomere – Lebensverlängerungshormone – wachsen am stärksten, Nervenzellen werden regeneriert, Alzheimerablagerungen werden reduziert und Meditierende, die Delta-Zustände gezielt herbeigeführt haben, fühlen sich verbunden mit dem gesamten Universum – dazu später mehr bei der Behandlung der Spiritualität.

Theta ist mit Schwingungen zwischen 4 und 8 Hz die zweitlangsamste Gehirnwelle. Für Heiler jeglicher Provenienz wie Chi Gong-Meister, Schamanen, oder Heiler der kabbalistischen oder christlichen Tradition ist diese Frequenz wichtig. DNA-Reparatur und die Regeneration menschlicher Knorpelzellen durch Elektromagnete erfolgen bei einer Frequenz von 6,4 Hz. Auch die Neutralisierung von freien Radikalen, die als Hauptursache des Alterns gelten, erfolgt in diesem Frequenzbereich.

Gehirnwellen und ihre Frequenzen

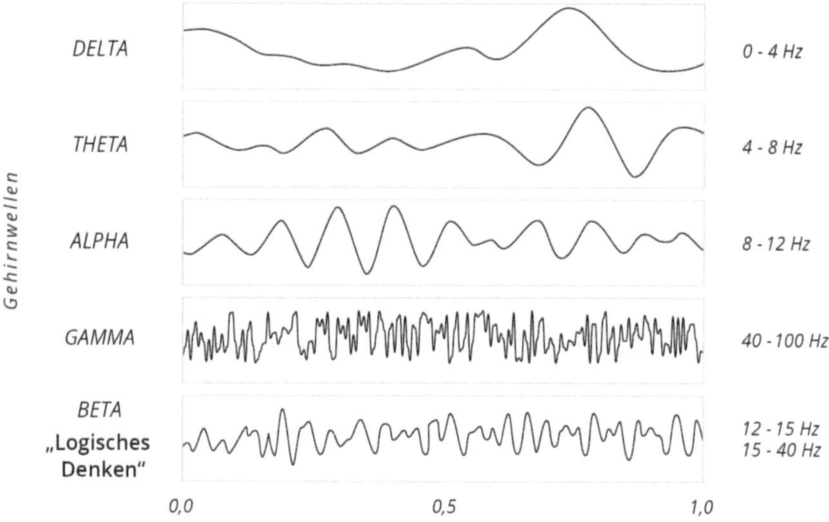

Alpha schwingt zwischen 8 und 12 Hz. Alpha ist die häufigste Gehirnschwingung der Meditierenden, bei der die Serotoninwerte gesteigert werden und die DNA-Synthese signifikant ansteigt. Alpha „tut dem gesamten Körper gut" und das Gehirn stimmt sich in Alpha auf Höchstleistungen ein, wie in den Neurotransmitterwerten abgelesen werden kann. Alpha liegt in der Mitte der Frequenzbänder zwischen auf der einen Seite Theta und Delta, dem unterbewussten und unbewusstem Geist, und auf der anderen Seite

Beta, dem bewussten, und Gamma, dem „überbewussten“ Geist. Die „Alpha-Brücke“ verbindet den bewussten Geist mit unseren unbewussten Ressourcen.

Im Rahmen einer bahnbrechenden Studie wurde DNA verschiedenen Frequenzen ausgesetzt – die Alpha-Frequenz von 10 Hz führte zu einer signifikant höheren DNA-Synthese.[44]

Gamma ist die höchste Gehirnwellenfrequenz (40 bis 100 Hz) und tritt vor allem auf, wenn das Gehirn etwas Neues lernt, Assoziationen zwischen Phänomenen herstellt und Informationen aus verschiedenen Gehirnarealen integriert. Ein Gehirn mit vielen Gamma-Wellen spiegelt eine hochkomplexe neuronale Ordnung und eine erhöhte Achtsamkeit wider. Bei Mönchen, die man gebeten hatte, über Mitgefühl zu meditieren, kam es im Gehirn zu einem verstärkten Aufkommen von Gamma-Wellen. Sie erreichten nach eigenen Aussagen einen Zustand der Glückseligkeit. Gamma wird auch mit sehr hohen intellektuellen Funktionen, Kreativität, Gipfelerfahrungen und dem Gefühl assoziiert, „in the zone“, „im Fluss“ oder Rausch zu sein, also im sogenannten Flow. Künstler beim Malen eines Bildes oder Komponisten beim Schreiben eines Meisterwerks befinden sich im Gamma-Zustand, der genau dann eintritt, wenn der Beta-Bereich verlassen wird.

Gamma wird mit vielen positiven Veränderungen im Körper assoziiert: Die 75 Hz Frequenz produziert epigenetische Veränderungen. Sie triggert die Gene, die entzündungshemmende Proteine im Körper produzieren. Am unteren Ende des Gamma-Spektrums wird bei 50 Hz die Produktion von Stammzellen angekurbelt – das sind unspezifizierte, „leere“ Zellen, die sich je nach Bedarf auf Muskel, Knochen, Haut- und sonstige Zellen spezialisieren. Gamma-Wellen fließen etwa 40-mal pro Sekunde von der Vorder- zur Hinterseite des Gehirns. Messungen von Gehirnwellen weisen Höhen und Täler auf – der Unterschied ist die Amplitude. Die schnellsten Wellen, wie Gamma, weisen die niedrigste Amplitude auf.

---

44 Takahashi, K., Kaneko, I., Date, M. & Fukaa, E.: *Effect of pulsing electromagnetic fields on DNA synthesis in mammalian cells in culture*, in: Experientia, 42 (2), 1986, S. 185 f., doi: 10.1007/BF01952459.

Beta ist die zweitschnellste Wellenart (12 - 40 Hz) und auch der Bereich des logischen Denkens. Je gestresster ein Mensch ist, desto höher ist die Amplitude seiner Beta-Wellen. Bei negativen Gefühlen wie Wut, Furcht oder Schuld kommt es zu hohen Ausschlägen der Beta-Wellen: Gehirnareale mit rationalem Denken und Gedächtnis machen sozusagen „dicht" und die Blutzufuhr zum präfrontalen Cortex, dem denkenden Gehirn, wird um bis zu 80 Prozent verringert. Der Mangel an Blut und Sauerstoff lässt die Denkfähigkeit regelrecht abstürzen.

Man unterscheidet hochfrequentes Beta (15 - 40 Hz) und niederfrequenten Beta (12 - 15 Hz). Im niederfrequenten Beta-Bereich zwischen 12 und 15 Hz erfolgt das kreative logische Denken im sensomotorischen Rhythmus. Der hochfrequente Beta-Bereich ist der sogenannte „Affengeist", das ruhelose Denken – kennzeichnend für Menschen, die Angst haben, Frust erleben oder unter Stress stehen. Im hochfrequenten Beta-Bereich zwischen 15 und 40 Hz ist das denkende Gehirn in hoher Konzentration unter Anspannung, bei Termindruck oder Streit mit einem nahestehenden Mitmenschen in Konkurrenzsituation. Stress, Furcht und Angst führen zu unnormal hohen Amplituden im hochfrequenten Beta-Bereich. Dann werden Zellfunktionen gehemmt oder ganz blockiert. Bei häufigem Stress werden die unterbewussten Regenerationsfunktionen des Körpers unterdrückt und der Körper altert deutlich schneller: Die DNA-Synthese wird blockiert und das Wachstum der Knochenzellen gehemmt.

Diese fünf Gehirnwellen durchfluten das gesamte Gehirn und den gesamten restlichen Körper. Intelligenz zeigt sich – auf unterschiedliche Art und Weise – in jeder einzelnen Gehirnwelle. Logisches Denken jedoch ist ausschließlich an den Bereich der Beta-Wellen gekoppelt und macht damit nur ein Fünftel des Gehirnwellen-Spektrums aus. Damit sind 80 Prozent frei für andere Intelligenzen, die im Folgenden dargelegt werden.

Der Fokus auf Beta-Wellen gibt dem – wie Eckart Tolle argumentiert[45] – „Urgeburtsmalus der Menschen", dem Ego, noch eine erhebliche Verstär-

45 Tolle, Eckard: *A new Earth: Awakening to Your Life's Purpose*, New York, 2016.

kung. In den meisten Religionen gilt als zentrale Heilscharta, dass dieser Urgeburtsmalus geheilt werden solle. Der Buddhismus mit dem „Ende des Leides“, der Hinduismus mit der „Erleuchtung“, das Christentum mit der „Erlösung“ – sie alle zielen letztlich jeweils auf die Heilung von der Trennung des Einzelnen von der Urgemeinsamkeit der Schöpfung.

Das Ego ist der illusionäre Sinn der Identität. Diese Identität ist vollständig von der Vergangenheit konditioniert: von den Kindheits- und Jugenderfahrungen sowie von den derzeit erreichen Lebensumständen, von der familiären Herkunft sowie der derzeitigen Sozial- , Status- und Besitzstruktur. Ego ist das, was einen von anderen unterscheidet. Das Ego will immer mehr werden und mehr haben. Das Ego will dominieren, kontrollieren und sich bewusst von anderen abheben. Das Ego braucht Feindschaft, um sich eindeutig abzugrenzen. Eine egozentrierte Gesellschaft ist eine Gesellschaft zur Optimierung des Individuums, des unbegrenzten Wachstums ohne Rücksicht auf die Umwelt. Das Ego ist das finale Ergebnis der ausschließlichen Konzentration und Fokussierung auf die Nutzung von Beta-Wellen.

Die weitergehenden Intelligenzkategorien basieren auf dem teilweisen und vollständigen Verlassen der Beta-Wellen und der gezielten Aktivierung und Ausnutzung von Gefühlen und Emotionen. Diese weitergehenden Intelligenzkategorien öffnen sich durch emotionale Kommunikation mit dem eigenen Körper und seinen Organen und dann durch Aktivierung der Gefühle und Emotionen für eine Interaktion mit dem Quantenfeld. Die Spiritualität ist dabei eine Intelligenzdimension, die in den asiatischen Denkkulturen und im frühen Christentum von zentraler Bedeutung war und noch ist. In der westlichen Denkkultur gewinnen diese Denkkategorien gerade wieder an Bedeutung. Dazu mehr bei den Themen Intuition und Spiritualität.

8.

WELCHES SIND UNSERE NATÜRLICHEN AUTONOMEN INTELLIGENZEN?

Der fulminante Erfolg der Logik insbesondere in den Frühphasen der Naturwissenschaften haben vergessen oder übersehen lassen, welche vielfältigen und überragenden Intelligenzen nahezu jeder einzelne Teil des Körpers aufweist. Er hat vernachlässigen lassen, dass jenseits der Omnipotenz des Großhirns jede noch so kleine Körperzelle intelligent ist. Unser gesamter Körper ist übersät mit einer Vielzahl kleinerer „Gehirne mit Spezialfunktionen", die durchaus in der Lage sind, die linke Seite des Großhirns in seiner Intelligenzleistung zu übertreffen, und sogar Funktionen auszuüben, zu denen das Großhirn mitnichten in der Lage ist. Die Gesamtheit der natürlichen autonomen Intelligenzen bildet das autonome Nervensystem.

Zellintelligenz

Bruce Lipton fand heraus, dass die menschliche Intelligenz bereits auf der Zellebene stattfindet: Die Zellintelligenz ist als Teil der Körperintelligenz selbstinduziert und vom Bewusstsein unabhängig. In „Biology of Belief, Unleashing the Power of Consciousness, Matter and Miracles"[46] führt er aus, dass alle 50 Billionen Zellen des Menschen über eine eigene Intelligenz verfügen.

Die Zellmembran mit ihren integralen Membranproteinen entscheidet intelligent, was aus der Umwelt sie zum Zellkern hindurchlässt, was ihr guttut und nicht guttut und wovon sie leben kann. Die integralen Membran-

46 Lipton, Bruce: *Biology of Belief. Unleashing the Power of Consciousness, Matter and Miracles*, New York, 2015.

proteine unterscheiden sich in Rezeptorproteine und Effektorproteine. Die Rezeptoren funktionieren wie Augen, Nasen, Ohren und Geschmacksknospen der Zellen. Sie empfangen auch Schwingungsenergiefelder wie Licht, Klang und Radiowellen. Die Zellmembran empfängt Reize und erzeugt die angemessene, lebenserhaltende zelluläre Reaktion und funktioniert so als Gehirn der Zelle. Die Zellfunktionen werden entsprechend hauptsächlich durch Interaktion mit der Umwelt gesteuert und nicht durch ihren genetischen Code.

Befinden sich Zellen in mehrzelligen Gemeinschaften, beginnen sie sich zu spezialisieren und arbeitsteilig zu werden: Sie organisieren sich in Gewebe und Organe. Der Mensch schließlich ist eine kooperative Gemeinschaft von ungefähr 50 Billionen einzelligen Mitgliedern. Es gelten für ihn die elementaren Gesetzmäßigkeiten der Einzelzelle. Obwohl der Mensch aus Billionen von Zellen besteht, gibt es in unserem Körper keine einzige Funktion, die nicht in der Einzelzelle angelegt ist. Jede Zelle mit Zellkern besitzt ein funktionales Äquivalent zu unserem Nervensystem, Verdauungssystem, Atmungssystem, Ausscheidungssystem, Drüsensystem, Muskel- und Skelettsystem, Kreislauf- und Fortpflanzungssystem, sogar ein primitives Immunsystem, in dem antikörperartige Ubiquitin-Proteine eingesetzt werden.

Zellkombinationen kommunizieren über Signalkombinationen zur Verbesserung des Überlebens der Kombination. Später in der Entwicklung wird eine intelligente Informationsverarbeitung von den spezialisierten Zellen des Nerven- und Immunsystems übernommen. Bei komplexeren Lebewesen – hier der Mensch – übernehmen spezialisierte Zellen die Aufgabe, den Informationsfluss der verhaltenssteuernden Signalmoleküle zu überwachen und zu organisieren. In der weiteren Entwicklung werden chemische Kommunikationssignale in Empfindungen übersetzt – unser Bewusstsein erfährt diese Signale als Emotionen. Die Zellen bilden ein weiter verbreitetes Nervennetzwerk und eine zentrale Verarbeitungsstelle: das ausgebildete Gehirn. Konsequenterweise muss sich in einer Zellgemeinschaft jede Zelle den informierten Entscheidungen der höchsten Wahrnehmungsautorität, nämlich des Gehirns, fügen.

Candace Pert in „Moleküle der Gefühle“[47] fand heraus, dass der menschliche Geist nicht nur im Kopf sitzt, sondern durch Signalmoleküle im ganzen Körper verteilt ist. Das Immunsystem ist ein solches vom Kopf unabhängiges intelligentes Zellenverbundsystem. Wenn das Gehirn meint, sich einschalten zu müssen, wird das autonome Immunsystem in seiner Wirkungsweise beeinträchtigt. Hier werden die Grenzen der Einflussnahme des logisch denkenden Gehirns deutlich.

Chakren

Als nächste Stufe der Weiterentwicklung der Zellverbindungen sind die Chakren[48] zu erwähnen. Das Wort „Chakra“ stammt aus dem Sanskrit und bedeutet „Rad“. Es bezieht sich auf die vielen Energiewirbel, die den physischen Körper durchdringen, und auch auf die Aura, die emotionale Abstrahlung des Körpers. Bereits hier beginnt die Spiritualität, dass nämlich der Körper nicht allein aus einer physischen, körperlichen Masse besteht, sondern auch von einem Energiefeld umgeben ist.

In den Chakren werden die körperlichen und geistigen Hauptfunktionen des Menschen vollzogen – je nach Denkschule gibt es sieben oder acht Hauptchakren und einundzwanzig kleinere und weniger bedeutende Chakren. Von diesen kleineren Chakren werden hauptsächlich die Handflächen und Fußsohlen „versorgt“. Man kann sich die Chakren als einzelne Informationszentren vorstellen, jedes mit einer spezifischen Energie, einem entsprechenden Bewusstseinsstand und einer Lichtemission, die sehr spezifische Informationen beziehungsweise eine ganz bestimmte Frequenz mit einer bestimmten Botschaft aussendet. Den einzelnen Chakren sind auch bestimmte Drüsen, Hormone und andere chemische Substanzen zugeordnet. Außerdem haben sie jeweils ihr eigenes Nervengeflecht, eine Art „Minigehirn“. Mit einem Gehirn hat auch jedes Chakra seinen eigenen

47 Pert, Candace: *Molecules of Emotion: The Science Behind Mind-Body Medicine*, New York, 1997.

48 Dispenza, Joe: Siehe oben, S. 155.
Davies, Brenda: *Chakras – Tore zur Seele*, Grafing, 2002.

Geist. Werden die einzelnen Chakren aktiviert, aktivieren sie wiederum Hormone, Gewebe, weitere chemische Substanzen und Zellfunktionen und geben Energie ab. Jedes Chakra unterliegt der Kontrolle des autonomen Nervensystems. Es wird vom unterbewussten Gehirn beeinflusst, das seinen Sitz unter dem bewussten, denkenden Gehirn hat. Die Chakren sind zugänglich über Alpha-Wellen.

Chakren – Energiewirbel im physischen Körper

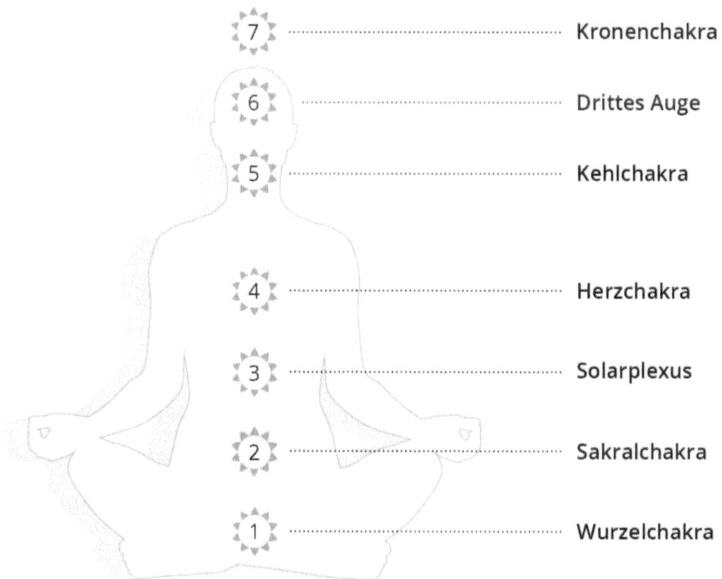

Das erste Chakra steuert den Sexualbereich, unter anderem das Perineum, den Beckenboden, die Geschlechtsdrüsen, bei Männern die Prostata, außerdem die Blase, den unteren Bauchraum und den Anus. Dieses Chakra steht mit Fortpflanzung und Zeugung, Ausscheidung und sexueller Identität in Verbindung. Die Hormone Östrogen und Progesteron bei Frauen und Testosteron bei Männern gehören hierher. Dieses Chakra verfügt über ungeheure kreative Energie. Der in dieser spezifischen Körperpartie sitzende Geist agiert auf Basis seines Minigehirns auf der unterbewussten Ebene durch das autonome Nervensystem, das sich der bewussten Kontrolle entzieht. Wir kennen das alle von Menschen mit einer starken sexuellen Ausstrahlung. Sobald Energie durch dieses Nervengewebe beziehungsweise den Nervenplexus fließt, erzeugt es einen entsprechenden Geist. Wenn es aktiviert ist, hat dieses Zentrum „einen eigenen Kopf".

Das zweite Chakra sitzt etwas nach hinten versetzt unterhalb des Nabels. Es steuert die Eierstöcke, den Uterus, den Dickdarm, die Bauchspeicheldrüse und den unteren Rücken und hat mit Nahrungsaufnahme, Verdauung, Ausscheidung und der Umwandlung der Nahrung in Energie zu tun: unter anderem den Verdauungsenzymen und Verdauungssäften sowie Enzymen und Hormonen für einen ausgewogenen Blutzuckerspiegel. Es steht auch mit dem oberen Mesenterialgeflecht in Bezug. Man assoziiert es mit sozialen Netzwerken und Strukturen, Beziehungen, Unterstützungssystemen, Familie, Kulturen und zwischenmenschlichen Beziehungen. Wird dieses zweite Chakra aktiviert, verlassen wir uns auf unser Bauchgefühl. Dieser Bereich wird aufgrund der Hunderte von Millionen an Neuronen und neuronalen Verbindungen – mehr als im Rückenmark oder im peripheren Nervensystem – tatsächlich das „zweite Gehirn" genannt. Sich auf sein Bauchgefühl zu verlassen, bedeutet also buchstäblich sich auf seine Instinkte zu verlassen, fast als ob der Körper und das Gehirn dieses Chakras den analytischen, rational denkenden Teil unseres Gehirns und unseres Geistes übersteuern könnte.

Das dritte Chakra sitzt in der Bauchgrube. Es steuert den Magen, den Dünndarm, die Milz, die Leber, die Gallenblase, die Nebennieren und die Nieren. Es steht in Verbindung zum Solarplexus, dem „Sonnengeflecht". Es wird mit Willenskraft, Stärke, Selbstgefälligkeit, Kontrolle, Tatkraft, Aggression und Dominanz assoziiert. Es ist das Zentrum des Konkurrenzverhaltens und der persönlichen Macht, des Selbstwertes und zielgerichteter Intention. Ein Mensch mit einem ausgewogenen dritten Chakra wächst anhand seiner Willenskraft und Tatkraft über sein Umfeld und seine Lebensumstände hinaus. Dieses Chakra wird automatisch aktiviert, sobald man seine Umgebung als unsicher oder nicht berechenbar wahrnimmt und man deshalb seinen „Stamm“ und sich selbst beschützen und behüten muss. Wenn man etwas will und dazu seinen Körper einsetzen muss, ist dieses Zentrum aktiviert.

Bei den ersten drei Chakren geht es ums Überleben, sie spiegeln die animalische Seite unseres Wesens beziehungsweise unseres Menschseins wider.

Das vierte Chakra sitzt hinter dem Brustbein, es steuert das Herz, die Lungen und die Thymusdrüse, die wichtigste Immundrüse des Körpers, die auch als „Jungbrunnen“ bezeichnet wird. Mit diesem Chakra werden Hormone wie das Wachstumshormon und Oxytocin sowie eine Kaskade von 1400 weiteren chemischen Substanzen assoziiert, die über die Thymusdrüse das Immunsystem ankurbeln. Die Thymusdrüse ist zuständig für Wachstum, Reparatur und Regenerierung des Körpers. Bei dem vierten Chakra bewegen wir uns von der Selbstsucht – den ersten drei Chakren – hin zur Selbstlosigkeit. Es wird mit den Emotionen der Liebe, der Fürsorge, des Nährens, des Mitgefühls und Vertrauens, der Dankbarkeit, Wertschätzung, Güte und Freundlichkeit, Inspiration, Selbstlosigkeit und Ganzheit assoziiert. Dieses Herzzentrum ist der Sitz der Seele. Befindet es sich in Balance, kümmern wir uns um andere und möchten gemeinsam mit anderen zum Besten der Gemeinschaft beitragen. Wir empfinden echte Liebe zum Leben, fühlen uns ganz und sind mit uns zufrieden.

Wie die unteren Chakren schwingt auch dieses mit einer spezifischen Frequenz und verfügt über seine eigenen Hormone, chemischen Stoffe und Emotionen sowie ein eigenes Minigehirn, das Energie von einem Energie- und Informationsfeld um dieses Zentrum herum bezieht. Wer sich vom Herzen leiten lässt, ist fürsorglich, freundlich, inspiriert, selbstlos, mitfühlend, gebend, dankbar, vertrauensvoll und geduldig. Empfängt dieses Mini-Hirn solche Informationen, sendet es Anweisungen und Botschaften an die Organe und Gewebe, die in diesem Teil des Körpers sitzen, und sie strahlen liebevolle Energie aus diesem Informationszentrum ab.

Im Jahr 1991 zeigte J. Andrew Armour[49], dass das Herz im wahrsten Sinne des Wortes seinen eigenen Geist beziehungsweise „Kopf" hat. Es verfügt über ein Nervensystem aus bis zu 40.000 Neuronen, das unabhängig vom Gehirn funktioniert und als das intrinsische Nervensystem, das Herzgehirn, bezeichnet wird. Herz und Gehirn sind über absteigende und aufsteigende Nervenbahnen verbunden, wobei 90 Prozent der verbindenden Nerven direkt vom Herzen zum Gehirn führen. Die Signale vom Herzen zum Gehirn verbinden sich über den Vagusnerv und laufen direkt in den Thalamus (kortikale Aktivität wie Denken, Wahrnehmen und Sprachverständnis), dann weiter zu den Stirnlappen (motorische Funktionen und Problemlösung) bis hin zu den Überlebenszentren des Gehirns, der Amygdala (emotionales Gedächtnis). Diese enge Verbindung entspricht der Intelligenz-Komplementarität zwischen Herz und Gehirn. Wie Armour entdeckte, verarbeitet das Herz Emotionen selbständig, reagiert direkt auf die Umwelt und reguliert seine Rhythmen – ohne Informationen vom Gehirn zu beziehen, weil das Herz und das autonome Nervensystem eng zusammenarbeiten. Wie Goleman schreibt: „Nur mit dem Herzen sehen wir richtig."[50] Befindet sich das Herz in Kohärenz, das heißt, schlägt es in geordnetem, regelmäßigem Rhythmus, dann reagiert das gesamte autonome Nervensystem entsprechend positiv und erhöht die Energie, die Kreativität und insbesondere die Intuition im Gehirn. Zum Thema Intuition wird später zurückzukommen sein. Ein starkes kohärentes Herz kann Angst, Stress und Panikattacken in Schach halten. Aus dem Herzen kommende Emotionen beeinflussen, wie wir denken, Informationen verarbeiten, fühlen und die Welt sowie unseren eigenen Platz darin verstehen. Ein kohärentes Herz produziert zudem eigene Gefühle und Emotionen der Dankbarkeit, Fülle, Freiheit und Liebe und ist automatisch geöffnet für das vereinigte Feld. Ein inkohärentes Herz schlägt in erratischen Rhythmen, sendet Stresssignale ans Gehirn und schaltet es in den Überlebensmodus der animalischen Welt – Polarität, Gegensätze, Wett-

---

49 Armour, J.A.: *Anatomy and Function of the Intrathoractic Neurons Regulations the Mammalian Heart*, in: Zucker, I.H. and Gilmore J.P., Hrsg., Reflex Control of the Circulation, Boca Raton, 1998, S. 1-37.

50 Goleman, Daniel: Siehe oben, S. 37.

streit, Bedürfnisse und Mangel, also in die Kategorien der Logik. Entsprechend eng ist in diesem Modus die Wahrnehmung, unsere Denkweise, unsere Gefühlswelt und wie wir die Welt und unserem Platz darin verstehen.

Das fünfte Chakra sitzt in der Halsmitte, es steuert die Schilddrüse, die Nebenschilddrüse, die Speicheldrüsen und das Nackengewebe. Dieses Zentrum steuert auch den Schilddrüsenplexus. Es wird in Verbindung gebracht mit dem Ausdruck der Liebe, die im vierten Chakra empfunden wird, sowie mit dem Aussprechen der Wahrheit und mit der Stärkung der persönlichen Realität durch Sprache und Klang. Ist das fünfte Chakra ausgewogen, spricht der Mensch seine derzeitige Wahrheit aus, auch die Liebe wird ausgedrückt.

Das sechste Chakra sitzt in der Kopfmitte. Zu ihm gehört die Hypophyse beziehungsweise Hirnanhangdrüse: Sie wird auch die Meisterdrüse genannt, denn sie steuert und erzeugt Harmonie. Ausgehend von diesem Chakra zieht die Harmonie sich in einer Kaskade abwärts verlaufend zur Zirbeldrüse und dann weiter zur Schilddrüse, Thymusdrüse, den Nebennieren, der Bauchspeicheldrüse bis hinunter zu den Geschlechtsdrüsen.

Das siebte Chakra befindet sich etwa 10 Zentimeter oberhalb des Kopfes: Es liegt als einziges nicht unmittelbar im Körper. Die Ägypter nannten es Ka und es steht für unsere Verbindung zum Universum, zum Quantenfeld. Wird dieses Zentrum aktiviert, sind wir offen zu empfangen: Einsichten, Offenbarungen, kreative Informationen, die nicht auf der Basis von im Nervensystem gespeicherten Erinnerungen, sondern direkt aus dem Kosmos erhalten werden. Über dieses Chakra haben wir Zugang zu den im Quantenfeld gespeicherten Informationen. Hierauf wird später im Teil der Quantenintelligenz tiefer eingegangen.

Neben den sieben Hauptchakren gibt es noch kleinere: an der Vorderseite der Ohren, über der Brust, in jeder Handfläche, auf jeder Fußsohle, hinter jedem Auge, über den Eierstöcken und Hoden, in den Kniekehlen. Jedes

Chakra hat sein eigenes Mini-Gehirn – neben den stärkeren intelligenzmäßigen Ausprägungen in Bauch, Unterleib und Herz. Es reagiert und agiert autonom zur Aufrechterhaltung der individuellen spezifischen Körper- und Geistfunktionen sowie im Sinne des Ganzen des Menschen.

Immunsystem – Fasten

Das Immunsystem ist eine Weiterentwicklung der autonomen Körperintelligenz in Form eines den gesamten Körper umfassenden Zell-, Organ- und Systemverbundes zur Aufrechterhaltung der Gesundheit des Körpers und der Abwehr von Krankheitsangriffen. Ohne „steuernde“ oder sonstige Beeinflussung von außen nimmt das Immunsystem gemeinhin seine Funktionen aktiv wahr. Eine im Beta-System verhaftete mechanistische Schulmedizin tendiert hingegen dazu, durch aktive Medikamentierung mit den entsprechenden Nebenwirkungen das Immunsystem in seiner Funktionsfähigkeit zu stören. Die Denkschule um Thoralf Detleffson und Rüdiger Dahlke hat darauf ausführlich hingewiesen.

Zudem ist in wiederholten Studien darauf untersucht worden, dass der zweifellose Heileffekt von schulmedizinischen Interventionen, seien es Medikamentierung oder auch chirurgische Eingriffe, zu circa 80 Prozent auf sogenannten Placeboeffekten beruhen. Nicht die direkte medizinische Intervention bewirkt die Gesundung, sondern der Glaube des Patienten an den Erfolg – faktisch hat das eigene Immunsystem das Ergebnis herbeigeführt. Behandlungen von Kontrollgruppen mit Fake-Medikamenten oder Scheinoperationen hatten die gleichen Heileffekte wie die „echten Behandlungen“. Das heißt, die Illusion einer ärztlichen Behandlung war in gleichem Umfang erfolgreich. Geheilt hatte sich der Körper selbst unter einer mentalen Beeinflussung beziehungsweise das Immunsystem unter entsprechender Initiierung.[51]

---

51 Lipton, Bruce H.: Siehe oben. S. 164 ff.
Dispenza, Joe: Siehe oben.
Jütte, Robert: Interview, Deutsches Ärzteblatt, Jg. 107, Heft 28 - 29, Juli 2010.

Das gleiche gilt übrigens im umgekehrten Fall: Diagnostiziert eine ärztliche Autoritätsperson eine Krankheit und der Patient glaubt daran – auch wenn diese faktisch nicht besteht – dann wird der Patient krank (Noceboeffekt).[52] Das Gleiche gilt im Todesfall: Verkündet der Arzt, der Patient habe nur noch drei Tage zu leben – dann stirbt dieser in der Regel nach drei Tagen. Die in Medizinerkreisen sehr beliebte und populäre Diagnose der Unheilbarkeit eines Patienten erscheint unter diesen Gesichtspunkten in ganz besonderem Licht.

Das heißt im Umkehrschluss, das Immunsystem ist in hohem Maße beeinflussbar, wenn es „richtig behandelt" wird. Eine „Missachtung" oder medikamentöse Überlagerung durch schulmedizinische Therapien tun ihm sicherlich nicht gut.

Schulmedizin findet statt im Bereich der Beta-Schwingungen im Gehirn in der materiellen Welt. Das Immunsystem als Teil des autonomen Nervensystems wird aktiv im Bereich der Alpha-Schwingungen. Meditation im Alpha-Zustand hat eine stark heilende Wirkung, die Selbstheilung.

In diesem Zusammenhang sei hingewiesen auf eine offenbar geläuterte pharmazeutische Industrie: In der Zeitschrift „Der Stern" vom 20.2.2020 schaltet Bristol-Myers Squibb folgende Cover-Annonce:

„Krebsbekämpfung ist Teamwork: Das Immunsystem von Patienten, ihre Familien, Freunde, Ärzte und die Forschung sind gemeinsam eine kraftvolle Waffe im Kampf gegen Krebs. Das Immunsystem und die Aufgehobenheit in einem starken, warmen Sozialsystem stehen bei der Therapie an erster Stelle – vor den Ärzten und der Forschung!"

Sogar im Falle von massiven Verletzungen und Erkrankungen wie Tumoren oder Ähnlichem ist das körpereigene Heilungssystem in der Lage zu helfen. Das Zellnetzwerk des Körpers verfügt offenbar über Blaupausen zur vollständigen Regeneration und Wiederherstellung des Gesundheitszustandes. Anhand von zwei praktischen Beispielen sei die Selbstheilung durch das eigene Immunsystem geschildert.

52 Dispenza, Joe: Siehe oben, S. 67 ff.

In „The Journey" schildert Brandon Bays[53] ihre Krankheits- und Selbstheilungsgeschichte: „Eines Morgens im Sommer 1992 wachte ich auf und musste zur Kenntnis nehmen, dass mein Bauch in den letzten Monaten stark an Volumen zugenommmen hatte. Und das obwohl ich die letzten zwölf Jahre extrem gesund gelebt hatte: ich lebte vegetarisch, trank gezielt gefiltertes Wasser, machte jeden Morgen Gymnastik und lebte an der kalifornischen Küste in Malibu an der frischen sauberen Seeluft. Ich hatte es bisher nicht nötig gehabt, zu einem normalen Arzt zu gehen. Und nun das. Nach einer ausgiebigen Untersuchung diagnostizierte die Ärztin einen Tumor in der Größe eines Basketballs. Es gab keinen Zweifel und die einzige Therapie war ein sofortiger chirurgischer Eingriff. Massive interne Blutungen verstärkten noch die Dringlichkeit." Bays entschloss sich, ihren inneren Überzeugungen zu folgen und die Heilung der Intelligenz ihres Körpers zu überlassen. Mit einer gezielten Meditation stoppte sie die innere Blutung, stellte ihre Ernährung von 65 bis 70 Prozent auf 100 Prozent „lifefood", frische Säfte und Kräuter um, unterzog sich einer Darmreinigung und organisierte regelmäßige Massagen. Sie versetzte sich mental ins Innere des Tumors und fand eine Traumatisierung aus ihrer Kindheit. In einer weiteren Meditation konfrontierte sie sich mit den traumatisierenden Erlebnissen und vergab den Verursachern. Dies alles band sie in eine Reihe von mehreren Meditationen pro Tag ein, Meditationen, die sich gezielt auf den Tumor konzentrierten. Zwischenzeitliche Besuche beim Arzt zeigten erhebliche Verkleinerungen des Tumors und erhebliche Verbesserungen ihrer Blutwerte. Nach circa sechs Wochen war sie geheilt – der Tumor war verschwunden.

„In fact I did not heal myself – the infinite intelligence inside did all the healing. I just got the incredible blessing of being allowed to participate in the experience."

53 Bays, Brandon: *The Journey: An Extraordinary Guide for Healing your Life and Setting Yourself Free*, London, 1999, S. 1 ff.

Diese Erfahrung war für sie der Anstoß, weltweit Vorträge über ihre Erfahrung zu halten und ihre Heilmethode zu lehren.

Ein weiterer Fall: In seinem Buch „Du bist das Placebo"[54] schildert Joe Dispenza seine eigene gleichgelagerte diesbezügliche Heilung. Als 23-Jähriger nahm er an einem Triathlon in Südkalifornien teil und wurde beim Radrennen von einem Bronco-Geländewagen mit einer Geschwindigkeit von 90 km/h gerammt, in die Luft und auf den Asphalt geschleudert. Sechs Wirbel waren gebrochen und die Splitter hatten sich ins Rückenmark eingegraben. Die Befunde im Krankenhaus legten eine umfangreiche Rückenoperation mit Stahlstabimplantation nahe – gefolgt von lebenslangen chronischen Schmerzen und dauerhafter starker Behinderung im Rollstuhl. Die Alternative zur Operation war die Lähmung. Dispenza stand vor der Wahl, entweder der Schulmedizin zu einer umfassenden prothetischen Operation mit lebenslanger Teilbehinderung zu folgen – und der Perspektive wahrscheinlich nie wieder laufen zu können, oder auf seine Selbstheilungskräfte zu vertrauen, über die er vorher bestenfalls intellektuell erfahren hatte. Er entschied sich für Letzteres und unterwarf sich einem eigenständigen Heilungsplan aus Selbsthypnose und der Visualisierung einer komplett geheilten Wirbelsäule, Konzentrationsmeditation, reduzierter Rohkost und Energiezufuhr durch kohärente Schwingungen durch Handauflegen auf die verletzten Körperteile. Nach sechs Wochen machte er Schwimmgymnastik und leichte Yogaübungen. Nach neun Wochen war er im Wesentlichen wiederhergestellt – durch die Selbstheilungskräfte seines Körpers.

Auf der Grundlage dieser Erlebnisse begann er die erfolgreiche Organisation einer weltweiten Serie von Vorträgen zur Weitergabe und Verbreitung seiner Erfahrungen im Rahmen eines umfassenden Gesamt-Konzeptes zum Thema „Werde übernatürlich". In den Advanced Seminaren von Joe Dispensa wird die oben dargestellte Methode der Meditations- und Energieübertragungsheilung im großen Stil angewandt: Pro Seminar werden in zwei oder drei Sitzungen jeweils etwa 120 Healees, zu Heilende, von

54 Dispenza, Joe: Siehe oben, S. 12 ff.

1000 Healern, Heilenden, in einer gemeinsamen Meditationssitzung mit Heilungsenergie „behandelt“. Die Ergebnisse werden von Ärzten in einer Datenbank erfasst.

Ein weiteres Beispiel ist Kelly Ferner, die in einem Video beschreibt, wie sie auf einem Waldspaziergang von einem Pitbull angefallen wurde, der ihr eine tiefe Fleischwunde im Oberschenkel zufügte. Der Hundebesitzer war sofort bereit, die Verantwortung für den Unfall zu übernehmen und wollte sie umgehend in eine Unfallklinik verbringen. Sie entschied sich für „ihren eigenen Weg“, ging nach Hause, reinigte die Wunde ausgiebig mit einer warmen Dusche und viel Seife und begann mit Heilungsmeditationen und einer streng vegetarischen Ernährung. Nach vier Wochen war die Wunde rückstandsfrei und vollständig geheilt – durch die körpereigenen Selbstheilungskräfte.

Die chinesische Krankenversorgung basiert zunächst auf den „traditionellen chinesischen Medizin“ – Methoden wie Akupunktur, Chi Gong, Verfolgung der Meridiane – und übernimmt daneben auch Methoden aus dem Westen, die sinnvoll erscheinen. Es ist wenig bekannt, dass über das ganze Land verteilt Meditationskliniken betrieben werden, in denen Kranke durch Gruppenmeditationen von Mönchen oder ähnlich ausgebildeten Heilern geheilt werden.

Heilfasten ist eine weitere Strategie zur Aktivierung des Immunsystems: Der gezielte vollständige Nahrungsentzug versetzt den gesamten Körper in Alarmbereitschaft und führt dazu, dass alle „Systeme“ in den Regenerationsmodus umschalten. Blutwerte, Gelenkablagerungen, Magenungleichgewichte, Darmverstimmungen, Seh- und Hörfähigkeit, Hautprobleme, Denkfähigkeit, Kreativität – alles erfährt ein Upgrade, neben dem Abbau von Fettablagerungen und Übergewicht. All diese den gesamten Körper umfassenden Wiederauffrischungen und Verjüngungen erfolgen völlig autonom ohne Intervention des Gehirns vollkommen ausbalanciert und allumfassend – der rationale Geist darf dem Körper bei dieser Arbeit nur nicht in die Quere kommen. Der Körper allein verfügt über die allumfassende Intelligenz, diese vollständige Regeneration und Verjüngung durchzuführen.

Es wird berichtet, dass im Rahmen einer Krebsbehandlung mit Chemotherapie der parallele Einsatz des Heilfastens zu einer deutlichen Verbesserung des Heilerfolges geführt hat. Die erste umfassende Einführung des Heilfastens in die medizinische Therapie erfolgte 1920 durch Professor Buchinger, der den Erfolg des Fastens am eigenen Leibe erfahren hatte und anschließend diese Methode in größeren Maße auch anderen Patienten zugänglich machte. Heute ist Fasten in Deutschland eine allgemein anerkannte Therapie zur Regeneration und Verjüngung des gesamten Organismus mit mehreren darauf spezialisierten Kliniken unter anderem die Buchingerklinik am Bodensee.

Die umfangreichste Dokumentation über die medizinischen Erfolge durch Fasten gibt es bezeichnenderweise in Russland mit 10.000 Patientenakten. Seit 1950 führte Professor Juri Nokolajew an der psychiatrischen Klinik in Korsakov in der Nähe von Moskau Fastentherapien an Unheilbaren durch – mit erstaunlichen Ergebnissen. Seine Erfolgsquote bei diesen sogenannten hoffnungslosen Fällen lag bei 2/3. Die Zentralregierung wurde hierauf aufmerksam und ließ die Krankenakten von zwei weiteren Wissenschaftlern nachprüfen: Professor Kokosov und Professor Maximow von der medizinischen Militärakademie. Beide bestätigten die dokumentierten Ergebnisse – was dazu führte, dass Josef Stalin per Dekret erließ, dass alle Sowjetbürger zukünftig zu fasten hätten. Seit nunmehr 15 Jahren ist das Heilfasten unter anderem in Sibirien fester Bestandteil des staatlichen Gesundheitswesens.[55] Deutschland und Russland sind derzeit die Nationen, in denen das Fasten die größte Verbreitung erfahren hat.

55 *Fasten und Heilen – Altes Wissen und neueste Forschung*, 55 min, Arte Frankreich, Regie: Thierry de Lestrade, Sylvie Gilman, 2011. https://www.arte.tv/de/videos/043980-000-A/fasten-und-heilen/

Emotionale Intelligenz – Flow

Emotionen sind ein weiteres den gesamten Körper umfassendes Intelligenzsystem. Emotionen können das Gehirn blitzartig highjacken, sämtliche Bereiche elektro-energisch fluten und vollständig in Beschlag nehmen: Alle noch so intelligenten Gedanken und logische Schlussfolgerungen sind dann wie weggewischt. Das ist die Macht der Gefühle. Nun werden Emotionen und Gefühle in einer vermeintlich logisch dominierten, rationalen – vernünftigen – Gesellschaft aber gern mit einem Lächeln und als eben „unlogisch" abgetan. Was hat es nun damit auf sich?

Emotionen sind die chemischen Konsequenzen früherer Erfahrungen. Das Gehirn erzeugt bei der Erfahrung eine chemische Substanz und lagert sie ab, und aktiviert sie, wenn sich das Ereignis wiederholt. Auf dieser Basis funktioniert auch unser Gedächtnis: Starke Emotionalisierung erleichtert die Erinnerung.

Das Bewusstsein hat einen Anteil von maximal 20%

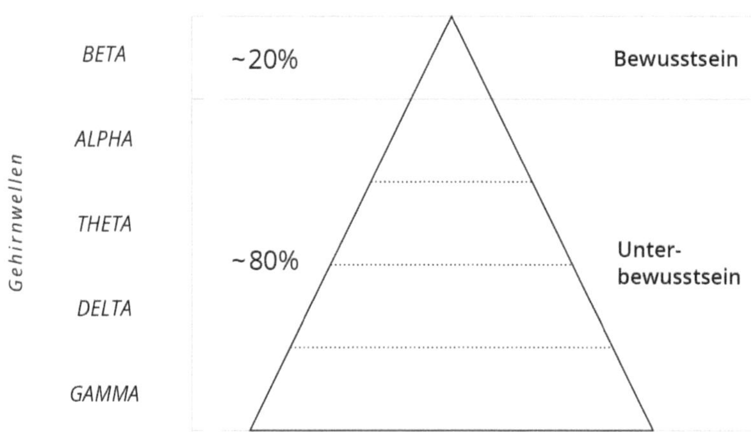

Emotionen bestimmen auch die Entwicklung des Denkens. Was das Kind bis zum siebten Lebensjahr erlebt und emotional erfährt, prägt im Wesentlichen die Persönlichkeit. Bis zum 23. Lebensjahr ist sie gefestigt. Die Persönlichkeit ist zu 95 Prozent durch das Unterbewusstsein, dem autonomen Nervensystem, geprägt.

Daniel Goleman hat mit seiner „Emotional Intelligence“ weit über Gardner hinausgehend die Emotionen und seine Bedeutung für unser Denken und unser soziales Leben ins Zentrum der Aufmerksamkeit gerückt. Die emotionalen Bereiche sind durch Myriaden von Verbindungssystemen mit dem Neocortex, dem Großhirn, verbunden. Dies gibt den Gefühlszentren einen immensen Einfluss auf den Rest des Gehirns einschließlich der Denkzentren. Es erscheint also höchst angezeigt, seine emotionale Prägung im Detail zu kennen, um dessen Einflüsse auf unser Denken und unseren Entscheidungen zu verstehen. Das beginnt schon bei der Wahrnehmung, der Selektion dessen, was wir wahrnehmen, umfasst dessen Evaluierung und auch die dann anschließende Reaktion oder Entscheidung, die wir aufgrund dessen fällen. Alles ist in höchstem Maße geprägt durch die Historie unserer emotionalen Erfahrungen. Und da Entscheidungen aller Art zu über 95 Prozent unter Unsicherheit[56] – das heißt, unter unvollständiger Information – gefällt werden müssen, sind auch diese durch unsere emotionale Historie vorgeprägt.

Eine erfolgreiche Kommunikation mit einem Mitmenschen ist nur möglich, wenn man auf seine emotionale Prägung so weit wie möglich eingeht. Schon Platon sprach in diesem Zusammenhang von der Altrozentrierung der Kommunikation, der Konzentration auf den anderen.

In „Du bist das Placebo“ berichtet Joe Dispenza von einem höchst interessanten Experiment.[57] Im Jahre 1981 stiegen acht ältere Männer in ein paar alte Autos und fuhren in ein Kloster in Petersborough, New Hampshire, zwei Stunden nördlich von Boston. Sie wollten an einem fünftägigen Retreat teilnehmen und so tun, als wenn sie tatsächlich wieder jung wären – oder zumindest 22 Jahre jünger, als sie zu dem Zeitpunkt waren. Das Retreat wurde von einem Forschungsteam unter der Leitung der Psychologin Ellen Langer von der Harvard-Universität organisiert. Eine weitere

---

56 Grigerenzer: Siehe oben, S. 30 ff.

57 Dispenza, Joe: Siehe oben, S. 117 ff.

Gruppe von acht älteren Männern sollte die Woche danach an denselben Ort kommen. Diese zweite Gruppe fungierte als Kontrollgruppe und sollte zwar auch aktiv in Erinnerungen an die Zeit vor 22 Jahren schwelgen, aber ohne vorzugeben, sie wären jünger, als sie tatsächlich waren. Als die erste Gruppe im Kloster ankam, fanden sie sich in einer Umgebung wieder, die ihnen durch alle möglichen Zeichen dabei half, sich wieder jünger zu fühlen. Sie blätterten in alten Ausgaben des „Life-Magazins" und der „Saturday Evening Post", schauten sich Filme und Fernsehshows an, die 1959 beliebt waren, und hörten Musik von Perry Como und Nat King Cole im Radio. Sie unterhielten sich auch über das, was „gerade so passierte", zum Beispiel über Fidel Castros Machtübernahme auf Kuba, den Besuch des russischen Regierungschefs Nikita Chruschtschow in den USA und über die Heldentaten des Baseball-Idols Mickey Mantle und der Boxergröße Floyd Patterson. All das war geschickt so aufgesetzt worden, damit die Männer sich besser vorstellen konnten, sie wären tatsächlich 22 Jahre jünger. Das heißt, sie versetzten sich mental und insbesondere emotional vollständig in die frühere Zeit. Nach beiden Fünf-Tages-Retreats wurden die Gesundheitswerte der Männer gemessen und mit den Werten vor dem Aufenthalt im Kloster verglichen. In beiden Gruppen waren die Männer physiologisch jünger geworden, sowohl strukturell als auch funktional; bei den Teilnehmern der ersten Gruppe, die sich emotional vollkommen in die alte Zeit versetzt hatte, konnten allerdings erheblich stärkere Verbesserungen festgestellt werden als bei der Kontrollgruppe, die sich nur an die damalige Zeit erinnert hatte. Die Körpergröße, das Gewicht und der Gang hatten sich verbessert. Die Männer nahmen eine geradere Körperhaltung ein und wurden dadurch größer, ihre Gelenke wurden flexibler, ihr Gehör schärfer. Auch ihre Greifkraft erhöhte sich. Sie konnten sich besser erinnern und schnitten bei Erkenntnisfähigkeitstests besser ab: die erste Gruppe um 63 Prozent, die Kontrollgruppe um 44 Prozent. Die Männer wurden in diesen fünf Tagen im wahrsten Sinne des Wortes jünger, direkt vor den Augen der Forscher. Langer berichtete: „Nach Abschluss der Studie spielte ich mit die Leuten Fußball. Sie berührten den Ball zwar nur, aber sie spielten Fußball, und einige hatten ihre Gehstöcke weggeschmissen."

Wie konnte das geschehen? Den Männern war es offensichtlich gelungen, die Schaltkreise in ihrem Gehirn zu aktivieren, die sie daran erinnerten, wer sie vor 22 Jahren gewesen waren. Ihre Körperchemie reagierte darauf wie durch Magie. Sie fühlten sich nicht nur jünger, sie wurden physisch jünger, wie die Messungen der Reihe nach bewiesen. Die Veränderung hatte nicht nur in ihrem Kopf, sondern auch in ihrem Körper stattgefunden: Ihre Gene hatten sich verändert.

Da das Unterbewusstsein zu circa 95 Prozent die Persönlichkeit ausmacht und diese zu 100 Prozent durch emotionale Erfahrungen geprägt ist und diese wiederum nur über andere Emotionen und nicht über logische Gedanken beeinflusst werden können, kommt den Emotionen in einer oberflächlich logisch geprägten Welt damit eine weitaus größere Bedeutung zu als allgemein angenommen. Denn was die alten Männer erlebt haben, lässt sich auch auf das jeweilige individuelle Leben übertragen; sich emotionell zu verjüngen, in eine andere Lebenssituation zu versetzen. Emotionen sind die Sprache zur Beeinflussung des Unterbewusstseins. Emotionale Intelli genz ist damit das Einfühlungsvermögen in die eigenen Emotionen, die des Gegenübers und der Mitmenschen, um so die angestrebten Veränderungen herbeizuführen; bei dem Stellenwert der Emotionen ein unglaublich großer Hebel.

Eine der höchsten Formen der emotionalen Intelligenz ist die Fähigkeit zum sogenannten Flow. Dies ist der schöpferische Einsatz von Emotionen im Dienst von Höchstleistungen und Lernaktivitäten. Wie Mihaly Csikszentmihalyi[58] beschreibt Flow folgendermaßen:

„Du bist in Ekstase – als wenn Du nicht existierst – wie im Rausch fließt die Höchstleistung aus Dir heraus – Dir gelingen Ergebnisse, Erfolge und Leistungen wie nie zuvor und dies ohne jede Anstrengung – wie im Rausch. Und alles ist höchst lustbetont."

58 Csikszentmihalyi, Mihaly: *Flow im Beruf: Das Geheimnis des Glücks am Arbeitsplatz,* Stuttgart, 2004, S. 63.

Hochleistungssportler, Komponisten, Musiker und Schriftsteller berichten von derartigen Erlebnissen. Herbeigeführt wird der Flow durch:

- *Starke Konzentration,*
- *Disziplin und Fokus,*
- *Emotionale Leichtigkeit,*
- *Volllast oder leichte Überforderung bei der Lösung der Aufgabe,*
- *Freude bei der Aufgabe.*

Oder wie Dawson Church in „Geist über Materie“[59] beschreibt: „Flowzustände sind von Zeit- und Selbstlosigkeit geprägt“. Menschen in Ekstase transzendieren die Grenzen des lokalen Geistes. Wie EEG-Auswertungen zeigen, schaltet der präfrontale Cortex des Gehirns, der Sitz des Selbstgefühls, ab. Das ewige Geplapper der Beta-Wellen verstummt. Sie distanzieren sich von den angstbesetzten Obsessionen des lokalen Geistes. Wenn „Wohlfühl“-Neutransmitter wie Serotonin, Dopamin, Anandamid und Oxytocin das Gehirn überfluten, verändert sich die innere Chemie. Filter, die wir normalerweise auf eingehende Informationen anwenden, werden außer Kraft gesetzt und es kommt zu assoziativen Gedankensprüngen, die unsere Problemlösungsfähigkeit unterstützen und uns zu kreativen Spitzenleistungen anspornen. Kotler und Wheal in „Stealing Fire“[60] haben Studien über Leistungssteigerung aufgrund solcher Gehirnwellen geprüft, basierend auf den Trainingselementen der US-Navy-Seals. Unter anderem verbessert sich die geistige Konzentration um 490 Prozent, die Kreativität verdoppelt sich, und die Produktivität nimmt um 500 Prozent zu. Sie erweitern die Voraussetzungen zur Erreichung einer derartigen Leistungsekstase um das „STER“ Konzept:

---

59 Church, Dawson: Siehe oben, S. 391.

60 Kotler, Seven, & Wheal, Jamie: *Stealing Fire: How Silikon Valley, the Navy SEALs, and Maverick Scientists are Revolutionizing the Way We Live and Work*, New York 2017, S. 4 und 201 ff.

- *Selflessness – Das Ego möge nicht mit einem durchgehen.*
- *Timelessness – Man möge die Zeit nicht außer Acht lassen.*
- *Effortlessness – Man möge die Euphorie nicht für unbegrenzt halten.*
- *Richness – Man möge die Grenzen der Bemühungen kennen.*

Mentale Zustände weit außerhalb der logikgesteuerten Beta-Wellen und sexuelle Ekstasen sind übrigens auch hier angesiedelt. Dies sind Geisteszustände, wie wir sie später bei der spirituellen Intelligenz wiedertreffen werden. Früher konnten nur Mystiker solche ekstatischen Zustände erreichen, und das nur nach jahrzehntelangem Studium, strenger Praxis, asketischer Disziplin und spiritueller Einweihung. Heute sind die Zugangsrituale bekannt, wie später zu sehen sein wird.

Instinkte und Intuition

Instinkte werden gemeinsam mit dem größeren Thema Intuition behandelt, da sie überlappen und in der Literatur teilweise als gleich angesehen werden. Wiederholen sich emotionale Erfahrungen und Muster über Generationen idealerweise über Jahrtausende und werden nur diejenigen positiv selektiert, die auf diese Erfahrungen positiv reagiert – das heißt „überlebt" – haben, so bilden sich Muster im Erbgut, in den Genen, ab. Diese Verhaltensmuster sind Instinkte. Definiert werden Instinkte als Verhalten, das durch Schlüsselreize über einen angeborenen Auslösemechanismus hervorgerufen wird. Instinkte sind der Weg der Natur uns darüber zu informieren, was am besten für uns ist, auf der Basis einer direkten Information des Unterbewusstseins unserer Vergangenheit oder der Vergangenheit unserer Vorfahren.

Nun assoziiert man Instinkte allgemein mit tierischem Verhalten. Tiere werden in der Regel vollständig durch Instinkte gesteuert: Fluchtinstinkt,

Fressinstinkt, Paarungsinstinkt, Angriffsinstinkt, Brutpflegeinstinkt, Herdeninstinkt. Diese Instinkte sind Intelligenzstrategien zum Überleben und zur Erhaltung der Art. Auch menschliches Verhalten ist durch angeborene Instinkte determiniert. Unter Bedrohungssituationen – beispielsweise nachts allein auf einer verlassenen dunklen Straße oder falls nachts ein Einbrecher ins eigene Haus eindringt – werden Angriffsinstinkte oder Fluchtinstinkte aktiviert. Der Mensch steht unter Stress und erlebt einen erheblichen Adrenalinausstoß: Wie ein angegriffener, sich bedroht fühlender Bär oder eine vom Löwen bedrohte Gazelle. Auch die häufig anzutreffende Angst von Menschen vor Kriechtieren wie Schlangen oder Spinnen ist hier anzusiedeln, als viele tausend Jahre altes Muster.

Bei der Intuition ist das anders. Wie beispielsweise ist es zu erklären, dass bei den Tsunamis 2004 in Ostasien auf den Inseln die Elefanten viele Stunden vor der Welle in die Berge flüchteten. Und ist ein Zufall, dass am 11. September 2001 beim Terroranschlag auf die Zwillingstürme in Manhattan die Büros nur zu etwa der Hälfte besetzt waren, weil die anderen Mitarbeiter aus irgendwelchen Gründen verhindert waren?

Intuition ist auf dem Unterbewusstsein basierende Ahnung oder Botschaft, die nicht auf Vorerfahrungen basieren; dabei sind es primär die Herzintelligenz sowie die Bauchintelligenz, die diese Ahnungen und Botschaften hervorbringen. Intuition wird auch „die Sprache der Seele“ genannt. Es ist die interne Sprache unseres Körpers, die uns seit der Geburt begleitet, bevor wir der Sprache mit Worten mächtig waren. Sie ist uns intim vertraut. Gregg Braden[61] unterscheidet hierbei spontane Intuition, den „Zufall“, dass man jemanden anrufen will und dieser jemand ist bereits ebenfalls am anderen Telefon, und induzierte Intuition. Die induzierte Intuition wird aufgerufen, wenn Probleme gelöst und Entscheidungen gefällt werden müssen, die sich der direkten Rationalität der Logik, verschließen. Da die Rationalität vollständige Information und klar messbare Wahrscheinlichkeiten erfordern, was in der Realität sehr, sehr selten vorkommt,

61 Braden, Gregg: *The Science of Self-Empowerment: Awakening the New Human Story*, New York, 2017, S. 121.

dürften diese Probleme die Mehrheit der gelebten Wirklichkeit abbilden. Entscheidungen unter Gewissheit sind die mit Abstand seltensten. Nur in diesen Fällen findet die Entscheidungstheorie Anwendung: Umwelt und Entscheidungsparameter sind bekannt und die Eintrittswahrscheinlichkeit ist kardinal messbar. Algorithmen können hier die Entscheidung fällen.

Insbesondere Grigerenzer in „Baucheintscheidungen" und „Risiko"[62] und der Nobelpreisträger Kahnemann in „Schnelles Denken und langsames Denken"[63] haben sich mit der Entscheidung unter Unsicherheit mit Hilfe der Intuition befasst. Intuition entspricht hier der Fähigkeit, Einsichten und Entscheidungen zu erlangen ohne Gebrauch des rationalen Verstandes.

Laut Grigerenzer ist „Intuition" ein Urteil, das

- *Rasch im Bewusstsein auftaucht,*
- *Dessen Gründe uns nicht vollkommen bewusst sind und das*
- *Stark genug ist, um uns danach handeln zu lassen.*[64]

Ein Bauchgefühl zu haben heißt, dass man spürt, was man tun sollte, ohne erklären zu können warum. Eine Intuition ist weder eine Laune noch ein sechster Sinn, sondern eine Form unbewusster Intelligenz. Kahnemann unterscheidet das schnelle, intuitive System 1, und das langsame, rationale System 2. Zu System 1 wurde ihm zufolge von der Evolution so ausgeformt, dass es fortwährend die Hauptprobleme bewertet, die ein Organismus lösen muss, um zu überleben: Gibt es eine Bedrohung oder eine größere Chance? Angewandt auf die heutigen Verhältnisse mit dem extremen Anteil von Entscheidungen unter Unsicherheit ist System 1 für ihn der eindeutige Favorit.

62 Grigerenzer, Gerd: *Bauchentscheidungen, Die Intelligenz des Unbewussten und die Macht der Intuition*, München, 2008.
Grigerenzer, Gerd: *Risiko: Wie man die richtigen Entscheidungen trifft*, München, 2013.

63 Kahnemann, Daniel: *Schnelles Denken, Langsames Denken*, München, 2012.

64 Grigerenzer, Gerd: *Bauchentscheidungen*, siehe oben, S. 21.

Wird mehr Zeit für die Entscheidungsfindung aufgewandt, verschlechtert dies die Entscheidung.

Das HeartMath Institute (HMI) in Boulder Creek, Kalifornien[65], beschäftigt sich mit der Verbesserung der psychischen und Herz-Gesundheit auf der Basis von wissenschaftlichen Untersuchungen. Sie haben eine Herzkohärenz-Methode in fünf Stufen zur Steigerung der Herzintelligenz, der Intuition, entwickelt:

- *Fokussiere die Aufmerksamkeit auf das Herz.*
- *Verlangsame die Atmung.*
- *Induziere ein Gefühl der Dankbarkeit, Wertschätzung, Fürsorge, des Mitgefühls für alles und jeden zur Steigerung der Herz-Gehirn-Kohärenz.*
- *Stelle eine Frage an das Herz - kurz und präzise.*
- *Vernimm die Antwort - spüre und achte auf Dein Herz.*

65 Childre, D.L., Martin, H., Beech, D.: *The HeartMath Solution: The Institute of HeartMath´s Revolutionary Program for Engaging the Power of the Heart's Intelligence*, San Francisco, 1999, S. 33.

9.

WELCHE INTELLIGENZPOTENZIALE ERÖFFNET DIE SPIRITUALITÄT?

Logik und natürliche, autonome Intelligenz sind auf das Individuum beschränkt, werden von ihm ausgeübt, erfolgen in ihm und verbleiben bei ihm. Bestenfalls wird die Intelligenz in der Gruppe oder gar in der Masse ausgeübt – es verbleibt aber die Basis individueller Menschen. Bei der Spiritualität geschieht etwas grundlegend anderes: Der Mensch betritt das ihn umgebende Universum, das Quantenfeld, und tritt damit in Interaktion mit einer anderen Instanz, mit einer anderen Dimension.

Für das frühe Christentum und die fernöstlichen Philosophien und Religionen war und ist dieser Denkansatz integraler Bestandteil des „Systementwurfs". Die hinduistischen Brahmanas, die älteren Veden aus der Zeit von 800 bis 600 v. Chr., nehmen dezidiert Elemente der Quantenmechanik vorweg und beschreiben die Interaktion mit dem Quantenfeld.[66] Der Buddhismus, seit 500 v. Chr., orientiert sich ebenfalls an einer Position des Menschen im Quantenfeld und spricht Empfehlungen aus, wie mit ihm umzugehen sei. Auch im Schamanismus der südamerikanischen Urbevölkerung klingen ähnliche Gedanken an.

Die Entwicklung der Quantenphysik durch Max Planck um 1900 stellte nicht nur die Physik, sondern auch die Intelligenz und sämtliche Wissenschaften auf eine grundlegend neue Basis. Die Quantenhypothese von Max Planck war notwendig geworden, weil die klassische Physik zum Beispiel bei der Beschreibung des Aufbaus der Materie an ihre Grenzen gestoßen war. Bis dahin galt das Atom als kleinste nicht mehr teilbare physikalische Einheit. Analysierte man jedoch tiefer, fand man heraus, dass das Atom aus

66 Capra, Fritjof: *Das Tao der Physik: Die Konvergenz von westlicher Wissenschaft und östlicher Philosophie*, Frankfurt a.M., 2008, S. 59 ff.

einem Atomkern besteht, der von einem großen Feld umgeben ist, in dem sich ein oder mehrere Elektronen befinden. Verglichen mit den winzigen Elektronen ist dieses Feld so groß, dass es zu 99,9999999999 Prozent aus leerem Raum zu bestehen scheint. Auf dieser Basis zog Heisenberg[67] die Wahrheit naturwissenschaftlicher Obersätze in Zweifel und damit die Validität der damaligen naturwissenschaftlichen Theoriegebäude.

Der Raum im Atom allerdings ist nicht leer, sondern besteht aus einer ungeheuren Bandbreite von energetischen Frequenzen, die ein unsichtbares, verbundenes Informationsfeld ergeben. Alles im bekannten Universum ist also zu 99,9999999999 Prozent aus Energie beziehungsweise Information gebildet, obwohl es scheinbar konkrete Materie und damit fest ist. Beinahe das ganze Universum besteht aus diesem „leeren" Raum, in dem Materie nur einen unendlich kleinen Bestandteil ausmacht, verglichen mit dem ungeheuren Raum, in dem es nichts Physisches gibt.

Diese Elektronen verhalten sich nun völlig unberechenbar, sie sind nicht denselben Gesetzmäßigkeiten wie Materie unterworfen. Für einen Augenblick sind sie da, und im nächsten Moment sind sie verschwunden. Wann und wo die Elektronen auftauchen, ist unmöglich vorherzusagen, weil sie gleichzeitig in unendlich vielen Möglichkeiten beziehungsweise Wahrscheinlichkeiten existieren. Erst wenn ein Beobachter aufmerksam nach etwas Materiellem, Dinglichem sucht, kollabiert das unsichtbare Energie- und Informationsfeld in ein Partikel, das uns als Elektron bekannt ist. Dies nennt man einen Kollaps der Wellenfunktion beziehungsweise ein Quantenereignis. Sobald der Beobachter wegschaut, das Elektron nicht mehr beobachtet, der subatomaren Materie seine geistige Aufmerksamkeit entzieht, verschwindet es und ist wieder Energie. Das Partikel aus physischer Energie kann nur existieren, solange es beobachtet wird; sobald wir die Aufmerksamkeit abziehen, wird es wieder Energie und zu einer Möglichkeit.

---

67 Heisenberg, Werner: *Quantentheorie und Philosophie*, Ditzingen, 1979.

So hängen Geist und Materie im Quantenfeld zusammen. Wir alle und unsere dreidimensionale Realität werden beständig von einem objektiven universellen Bewusstsein beobachtet, das uns dadurch Ordnung und Form verleiht. Solange wir unser Leben Tag für Tag aus der immer gleichen geistigen Verfassung heraus in Erwartung einer Zukunft, die auf unserer Vergangenheit basiert, betrachten, lassen wir unendliche Energiefelder immer wieder in dieselben Informationsmuster kollabieren – unser Leben, und unsere materielle Umwelt. Richten wir unsere Aufmerksamkeit nicht mehr auf Objekte und Orte in der physischen Außenwelt, sind wir ein Nichts im Nirgendwo. Je länger wir hier verweilen können, desto länger investieren wir unsere Energie ins Unbekannte, in neue Erfahrungen und neue Möglichkeiten.

Die Tür ins Quantenfeld kann man nicht als ein Jemand mit einem Körper durchschreiten. Man muss die physische Welt hinter sich lassen und nur im gegenwärtigen Moment leben, die chemische Sucht nach immer gleichen Emotionen durchbrechen und die Aufmerksamkeit auf Energie beziehungsweise Potenziale – die Welle – lenken. Eine solche Erfahrung führt im Gehirn zu signifikanten Veränderungen. Zunächst verlangsamt sich das denkende Gehirn, der Neocortex, der Sitz des bewussten Geistes. Er ist weniger erregt und funktioniert ganzheitlicher: Wir nehmen uns jenseits der physischen Welt wahr ohne äußere Irritationen und Gefahren – man nennt das kohärent. Indem wir der materiellen Welt unsere Aufmerksamkeit entziehen – immer neue Personen, neue Orte, neue Zeiten, neue Erlebnisse und damit Anpassungsstress – und unseren Fokus auf das Unbekannte lenken und im gegenwärtigen Moment verweilen, arbeitet das Gehirn auf kohärente, ganzheitliche Weise.

Kohärente Wellen sind phasengleich, Wellenkämme und Wellentäler passen zusammen, weisen mehr Ordnung und mehr Kraft auf. Sie sind buchstäblich auf der gleichen Wellenlänge.

Unterschiedliche Gefühle induzieren unterschiedliche Herzfrequenzen

Inkohärenz

Frust, Angst, Sorge, Ärger
– beeinträchtigt die Leistung

Kohärenz

Positive Emotionen, Wertschätzung, Liebe, Mut
– fördert eine optimale Leistung

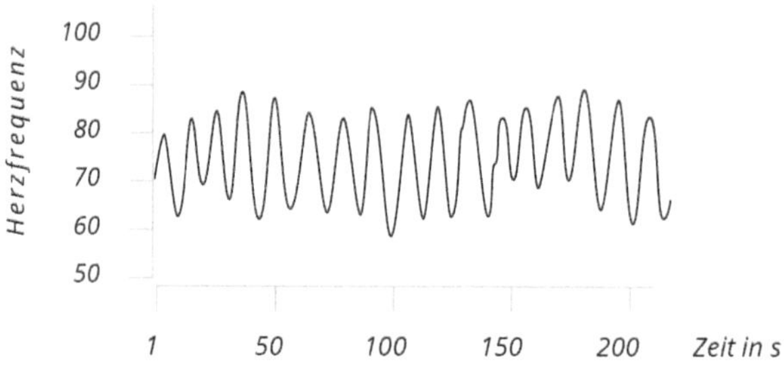

Inkohärente Wellen dagegen sind nicht phasengleich und versenden an andere Gehirnareale, an das Herz und den Körper wirre, erratische Botschaften und Signale. Sie sind nicht auf derselben Wellenlänge, der Körper kann deshalb nicht ausgewogen und optimal funktionieren. Das logisch denkende Gehirn schwingt in Beta-Wellen, und nur im Bereich der Beta-Wellen ist Inkohärenz möglich.

Ist jedoch die Verbindung mit dem Quantenfeld hergestellt, schwingt das Gehirn langsamer und wechselt in kohärente Alpha- und Theta-Wellen, das Bewusstsein wechselt aus dem denkenden Neocortex in das Mittelhirn

– das limbische System – und das autonome Nervensystem, dem unterbewussten Betriebssystem des Körpers. Dies ist für die Verdauung, Hormonausschüttung, Regulierung der Körpertemperatur und das Immunsystem zuständig. Je länger wir im gegenwärtigen Moment „als Niemand im Nichts und Nirgendwo" verweilen, desto integrierter und kohärenter wird unser Gehirn. Das autonome Nervensystem tritt auf den Plan und beginnt den Körper zu heilen.

Die Gehirnschwingungsdifferenzierung hat noch eine weitere Koordinate: die Verbindung mit dem vereinheitlichten Feld, dem Quantenfeld. Im Bereich der Alpha-, Gamma-, Delta- und Theta-Wellen hat der Mensch ein elektromagnetisches Umfeld, eine Aura, die ihn in mehreren Schichten umgibt. Je stärker die Wellen, umso stärker das Umfeld. Über diese Aura tritt er in Kommunikation zum Feld. Sogenannte negative Emotionen oder Überlebensemotionen, wie Schuld, Scham, Mindergefühle, unbefriedigte Sexualität, Ungeduld, Ego und Selbstüberschätzung, sind im Beta-Bereich angesiedelt, sie reduzieren dieses Feld.

Sogenannte positive Emotionen, wie Liebe, Freude, Dankbarkeit, Begeisterung, Ehrfurcht und Fürsorge, sind in den Bereichen der Alpha-, Gamma-, Delta- und Theta-Wellen angesiedelt. Sie steigern die Aura. Die Verbindung zum vereinheitlichten Feld wird als überaus beglückend empfunden, insbesondere das Gefühl des Einsseins mit dem Universum. Die Umsetzung dieser Grundlagen der Quantenfeldtheorie eröffnet eine Reihe von Potenzialen, die später näher ausgeführt werden.

Die Quantenphysik wurde, wie bereits oben dargestellt, von 129 Jahren entdeckt und hat überraschenderweise bis heute – abgesehen von unter anderem der Atomphysik – keinen maßgeblichen Einfluss auf die Wissenschaftslandschaft genommen. Dies mag im Wesentlichen zwei Hauptursachen haben:

Erstens war der Denkentwurf nach Descartes und Newton mit der wissenschaftlichen Erklärung der Welt und der Schaffung der materiellen Welt so überaus erfolgreich, dass eine Veränderung der bestehenden Verhältnisse nicht unmittelbar nahelag. Zudem hatten der Erziehungsprozess und die Systeme von Schule, Universität und Forschung die Gehirne so tiefgehend und gründlich geformt, dass noch heute eine Konfrontation mit der Quantenphysik sowie ein Hinterfragen des Denkmonopols der Logik auf völliges Unverständnis und völlige Ablehnung stoßen. Dies liegt auch darin begründet, weil die an der materiellen Welt hängenden Wirtschafts- und Statussysteme derart lukrativ und fundamental abgesichert sind, dass eine Innovation geschweige denn eine Änderung rundheraus abgelehnt werden.

Zweitens ist der Zugang zur Quantenphysik und deren Funktionsweise nicht derart baukastenmäßig einfach wie die newtonsche Physik und nicht planbar und kontrollierbar – und damit für das wirtschaftliche, industrielle Leben nicht unmittelbar verwendbar.

Schließlich haben 400 Jahre newtonsche Denkmechanik die westlichen Gehirne derart vorgeformt, konditioniert, gerastert und im Bereich der Beta-Wellen „eingebrannt", dass eine derart tiefgreifende Neuausrichtung kaum möglich erscheint. In einigen Teilen der buddhistischen Welt gehen die Jugendlichen ab dem neunten Lebensjahr für ein bis vier Jahre ins Kloster mit täglichen ausgedehnten Meditationsübungen – jenseits der Beta-Wellen. Und sie leben als Bettelmönche – außerhalb der materiellen Welt.

Meditation

Meditation ist der elementarste Zugang zur Spiritualität und damit zum Quantenfeld. Sie erfolgt aus dem Bereich der Beta-Wellen heraus hinein in die Alpha-, Delta-, Theta- und Gamma-Wellen. Durch die Meditation verlässt man die individuelle Lebenssituation bezüglich Raum, Zeit und Ego und wird zu reinem Bewusstsein. Nur als reines Bewusstsein, „als Nichtperson in der Nichtzeit im Nirgendwo", kann man das Quantenfeld betreten. Für jemanden in der newtonschen Welt mit eindeutiger materieller und sozialer Verankerung und Erdung ist dies zunächst schwer vermittelbar und erlernbar. Wie später zu sehen sein wird, rechtfertigt allerdings das Ergebnis die Bemühungen.

In den ostasiatischen Kulturen hingegen herrscht eine umfassende und im sozialen Leben tief verankerte und strukturierte Meditationskultur. Die

Ursprünge der Meditation gehen vor allem auf die Religiosität der Upanischaden zurück. Diese im Sanskrit um 800 v. Chr. verfassten Schriften sprechen vom ewigen „Atman“ (Selbst) im Menschen und dem göttlichen „Brahman“ (Selbst) die zur Vereinigung kommen müssen, wenn der Mensch frei werden will. Hinduismus und Buddhismus haben die Meditation hinsichtlich Technik, Stufen und religiösen Inhalten umfänglich weiterentwickelt, sodass man heute von einer Meditationskultur und -philosophie in verschiedenen Denkschulen sprechen kann.

Im großen Stil kam die Meditation um circa 1965 in die westliche Welt; primär durch Maharishi Mahesh Yogi, der mit der „Transzendentalen Meditation“ eine mantrabasierte Meditation predigte. Mit dem Mantra – einem sinnlosen Wort – wird das betawellenbasierte Denken oder „Geplapper“ des Gehirns abgeblockt und das nichtdenkende Gehirn in eine Tiefenentspannung geführt. Neben einer Entspannung tiefer als im Tiefschlaf führt die transzendentale Meditation zu einer höheren Sensibilität gegenüber Mitmenschen durch Herbeiführung der Gehirnkohärenz zur Steigerung der Intelligenz, zur Heilung bestimmter Krankheiten wie Herz-Kreislauf-Beschwerden und Diabetes – und bei massenhafter Anwendung in kritischer Masse zu einer Vermeidung von Konflikten bis hin zur Verhinderung von Kriegen. Entgegen der indischen Tradition der Verbreitung von Wissen über die Lehrer-Schüler-Beziehung entwickelte Maharishi Yogi eine standardisierte Methode zur Ausbildung von Meditationslehrern – was dazu führte, dass etwa 40.000 Meditationslehrer in den TM-Zentren weltweit die Lehre verbreiteten. Die Beatles gehörten seinerzeit zu seinen Schülern.

Für den Meditationserfolg ist der Einsatz eines Mantras nicht unbedingt erforderlich, es kann auch ein anderer Gegenstand, ein Bild oder eine Absicht verwandt werden.[68] Brandin Bayes empfiehlt, nach der Entspannung im Geiste langsam von zehn rückwärts bis eins zu zählen. Dann ist man in der Regel bereits sehr ruhig und entspannt. Man kann dann noch einmal von zehn bis eins zählen – dann ist man nach einiger Übung sehr, sehr tief

68 Lay, Rupert: *Meditationstechniken für Manager. Methoden zur Persönlichkeitsentfaltung*, München, 1976.

entspannt. Entscheidend ist, dass das permanente Hin- und Herspringen der Gedanken unterbrochen wird. Ziel der Meditation ist das Erreichen eines außerwachen Bewusstseinszustandes: Motorik und Sensorik sind weitgehend ausgeschaltet, Wärmegefühle können sich einstellen, Raum und Zeitempfinden sind ebenfalls ausgeschaltet. Die „Ich-Grenze“ scheint aufgrund eines veränderten somatischen Gefühls neu gezogen. Ein Gefühl von Frieden und Geborgenheit ist häufig. Bei entsprechend tiefer Versenkung stellt sich das Gefühl einer Verbundenheit mit dem gesamten Universum ein – mit Bildern des Schwimmens in einem unendlichen See vor einen gigantischen Horizont des Lichtes. Bei regelmäßiger Meditation erleichtern und beschleunigen sich die Abläufe und die oben dargestellten Resultate stellen sich ein.

Meditation ist die Voraussetzung und der Einstieg in die einzelnen Formen der spirituellen Intelligenz wie Heilung, Kreativität, Schöpfung und Eintritt in die Mystik durch eine Aktivierung der Zirbeldrüse.

Heilung

Heilung im spirituellen Sinne erfolgt grundsätzlich zunächst durch Freisetzung und Aktivierung der Kräfte des körpereigenen Immunsystems durch Ausschaltung der selbstinduzierten Blockade durch Beta-Schwingungen. In den Millionen von Menschheitsgenerationen vor uns haben nur diejenigen überlebt, die ein überlegenes Immunsystem aufweisen konnten. Die anderen wurden im Laufe ihres Lebens „ausgemendelt“. Und dieses Immunsystem ist so vielseitig und stark, dass es quasi die meisten Krankheiten heilen kann, zudem ist es lernfähig, um neue Krankheiten ebenfalls besiegen zu können.

Die Selbstheilung ist jedem Menschen möglich, sofern er hinreichend in der Lage ist, das autonome Nervensystem – hier das Immunsystem – durch tiefe Entspannung und Konzentration „in Stellung zu bringen“. Meditation ist hierfür eine bestmögliche Vorbereitung. Durch Meditation wird eine innere Balance (wieder-) hergestellt und ist durch Schwingungskohärenz in der Regel im Alpha- oder Theta-Bereich messbar. Generell gilt, Meditierende sind gesünder und leben länger:

- *Meditierende erkranken halb so oft an Krebs wie Nichtmeditierende.*
- *Regelmäßig Meditierende haben um bis zu 73 Prozent weniger Atemwegserkrankungen.*
- *Sie haben um bis zu 87 Prozent weniger psychische Krankheiten wie zum Beispiel Angststörungen und Depressionen.*

Die entsprechende Literatur der spirituellen Medizin enthält Unmengen von Heilungserfolgsmeldungen zu nahezu jeder Erkrankung.[69] Eine interessante Variante ist, dass durch die Lenkung der Energie auf bestimmte erkrankte Körperteile während der Meditation eine gezielte Heilung herbeigeführt werden kann. Die tiefgreifenden und umfassenden Selbstheilungen von Brandon Bayes und Joe Dispenza sind oben bereits ausführlich beschrieben worden.

Ich selbst wurde bei mehrfachen Teilnahmen an einwöchigen Advanced Seminaren von Joe Dispenza regelmäßig Zeuge von Spontanheilungen und durch Massenmeditation herbeigeführten Gruppenheilungen. Beim wiederholten gemeinsamen Meditieren von rund 1400 Teilnehmern, teilweise über mehrere Stunden, entsteht eine derart hohe Energie im Delta-, Theta- und zum Teil auch im Gamma-Bereich, dass durch die Schwingungsdichte und -intensität Spontanheilungen erfolgen.

Bei einem Advanced Seminar in Berlin 2018 beispielsweise fuhr ein älterer Mann am ersten Tag im Rollstuhl in den Seminarsaal – seine Niedergeschlagenheit und sprichwörtliche „negative Energie" war für die andern Teilnehmer deutlich zu spüren. Über die Tage wurde er zusehends aufgeschlossener, „fröhlicher" und am fünften Tag stand er – zwar schwankend – aus seinem Rollstuhl auf und berichtete der Audience von seiner Heilung.

69 Stellvertretend für viele: Banzhof, Harald, Schmidt, Stefan: *Meditieren heilt: Vorbeugen und gesund werden durch Achtsamkeit*, Berlin, 2018.

In Cancún, Mexiko, 2018, betrat am ersten Tag des Seminars ein Blinder aus Australien mit einem Blindenstock den Saal; am sechsten Tag lief er vor mir ohne Stock eine Treppe hoch. In Alcúdia, Mallorca, 2019, berichtete eine etwa 40-jährige Engländerin der Audience, sie hätte anhand des Buches „Du bist das Placebo“ von Joe Dispenza begonnen, eigenständig gegen ihren Krebs vierten Grades anzumeditieren und wäre jetzt nach rund vier Monaten weitgehend krebsfrei. In diesen Advanced Seminaren von Dispenza werden jeweils in den letzten Tagen – nachdem in den Vortagen durch gemeinsame Mediation die Energie der Gruppe auf hohem Niveau angekommen ist – in großem Stil derartige Fremdheilungen durchgeführt. Pro Heilungssitzung werden rund 120 „Patienten“ durch jeweils acht „Heiler“, die um sie herumknien oder -sitzen nach jeweils gemeinsamer Vorbereitungsmeditation mit Alpha- oder Theta-Schwingungen überflutet.

Ich war im Frühjahr 2018 in Berlin zum ersten Mal an einer solchen Heilungssitzung beteiligt, und ich muss gestehen: Ich war vorher stark verunsichert. Nach einer ausführlichen Vorbereitungsmeditation im Gehen mit einem MP3-Player wurden wir in den Saal geführt, in dem die ebenfalls mit einer anderen Meditation vorbereiteten Patienten lagen. Zu acht gruppierten wir uns um die Patienten und führten eine geführte Heilungsmeditation durch. Der Energiedurchfluss durch meinen Kopf und über die Hände auf den Patienten war so stark und intensiv, dass mein gesamter Arm schüttelte und ich nicht mehr in voller Kontrolle über meinen Körper war. Ich konnte nur mit großer Mühe die unglaubliche Energie über die Hände auf den Patienten lenken. Durch die Energiezufuhr hob sich der Körper des Patienten circa 5 Zentimeter vom Boden ab. Er berichtete nach der Sitzung, er sei währenddessen von einem intensiven warmen, unglaublich schönen Strom durchflutet worden und habe Liebe gespürt „wie noch nie in seinem Leben“. Die Heilergebnisse stellen sich meist nach einiger Zeit ein.

Auf der gleichen Grundlage sind Fernheilungen möglich. Die Teilnehmer einer Fernheilung schalten sich über Online-Messenger idealerweise zur gleichen Zeit zusammen. Sie beginnen mit einer Versammlungskonzentration auf sich selbst im Herzchakra und bilden dann durch Meditation im Alpha- und Theta-Zustand eine möglichst starke Aura-Ausstrahlung, die dann mit Heilungswünschen in das Feld und an den Patienten, von dem ein Foto vorliegt, gesandt werden. Dazu wird die Aura auf die Hände konzentriert und die Schwingungen der Aura über die Hände an den Patienten abgesandt. Der Patient hat sich mit einer entsprechenden Meditation auf diese Heilung vorbereitet. Nach dem Seminar in Alcúdia hat sich eine Gruppe von acht Teilnehmern spontan zusammengefunden: zwei Schotten, eine Kanadierin, zwei Sambianerinnen, eine Schweizerin und zwei Deutsche, die beschlossen zwei Mal pro Woche zu einer bestimmten Zeit am Abend sich zusammenzuschalten, um einen Patienten aus dem Bekanntenkreis zu heilen. Vorher wurden ein Foto und eine Kurzbeschreibung herumgemailt, um eine Synchronität zu ermöglichen.

Von einer unserer Heilungen ist folgendes zu berichten: Ein befreundeter ehemaliger Topmanager hatte nach dem Tode seiner Frau einen Krebs viertes Grades mit Metastasen im gesamten Körper entwickelt. Nach zahlreichen und umfangreichen Behandlungen in namhaften Kliniken im Münchner Raum war er schließlich als unheilbar entlassen worden. „Um mich herum standen vier Professoren und meinten, sie könnten für mich nichts mehr tun. Ich möge nach Hause gehen und das Ende erwarten“, berichtet er. Nach dem Alcúdia-Seminar mit der krebsgeheilten Engländerin rief ich ihn spontan an und bot ihm an, in der Gruppe für ihn zu meditieren. Er war zunächst skeptisch bis ablehnend und meinte, er würde dem Urteil seiner Ärzte vertrauen, die seien seriös. Dies sei nun einmal sein Schicksal. Erst durch Intervention seiner Schwester, die sich in alternativer Medizin auskannte, war er überhaupt bereit, sich auf sein solches Experiment einzulassen. Wir planten mit ihm insgesamt vier Heilungsmeditationen. Nach der ersten Sitzung verspürte er noch wenig: „so ein leichtes Kribbeln im ganzen Körper und eine angenehme Wärme“. Beim zweiten Mal spürte er eine warme Welle über den gesamten Körper. Sein Arzt bestätigte ihm deutlich verbesserte Blutwerte, er fühle sich deutlich besser und konnte auch besser hören. Nach dem dritten Mal konnte er bereits aus dem Rollstuhl aufstehen. Und nach dem vierten Mal war er in der Lage, die ersten kleineren Spaziergänge im schönen Chiemgau zu machen. Seine Freunde äußerten sich sehr erstaunt über sein deutlich besseres Aussehen. Er meditierte nun konsequent täglich. Dem Arztprotokoll ist zu entnehmen: „Dies ist ein außergewöhnlich guter Therapieverlauf bei einer prognostisch schlechten Lymphomerkrankung." Er selbst bestätigt, er habe jetzt seinen Krebs „im Griff", von Unheilbarkeit ist keine Rede mehr und die damaligen Professoren hätten sich sehr erstaunt über den Krankheitsverlauf geäußert. Es ist geplant, ihn mit weiteren Heilungsmeditationen endgültig vom Krebs zu heilen.

Diese „Konferenzschaltungen" in der Gruppe laufen nunmehr seit acht Monaten – mit erstaunlichen und beglückenden Ergebnissen.

Kreativität

Angesichts des geradezu Explodierens des wissenschaftlichen und wirtschaftlichen Fortschritts und Wachstums ist Kreativität die wahrscheinlich wichtigste Intelligenzkomponente, denn sie dient der Entwicklung immer neuer Ideen. Die Logik, das übermächtige Schlachtross der Intelligenz, hat hier jedoch nicht ihre Stärke. Die Logik kreiert bekanntermaßen geschlossene Systeme, basierend auf im Realitätstest bewährten Aussagen, die immer vergangenheitsbezogen sind. „Alles Neue basiert auf Altem" wie Aristoteles gesagt haben soll. Die Prognose der Zukunft auf Basis der Extrapolation von Vergangenheitswerten ist die streng logische Form der Kreativität für die Zukunft. Sie ist aber eben vollkommen und in allen Dimensionen von der Vergangenheit determiniert und damit stark begrenzt.

Einer der bekanntesten Kreativitätstheoretiker, Edward de Bono, hat vorgeschlagen, die logisch vorgeformten Denkmuster gezielt aufzubrechen: Mit beispielsweise lateralem Denken – dem Schlussfolgern aus Nebensachen heraus – oder mit dem Denken aus sechs „Thinking Hats" – aus vorgegebenen unlogischen Zusammenhängen – heraus. Damit hat er jedoch den Bereich der Beta-Wellen nie verlassen. In keinem seiner Bücher ist die Dimension der Spiritualität auch nur ansatzweise erwähnt. Trotz alledem hat de Bono in den Bereichen der Wirtschaft und Wissenschaft eine erhebliche Resonanz und erheblichen Erfolg gehabt, denn seine Domänen sind insbesondere der Logik, der materiellen Welt und damit den Beta-Wellen verbunden.

Das Quantenfeld enthält bekanntermaßen alle jemals gedachten Gedanken. Diese sind zwar auch Vergangenheit aber mit einem erheblich größeren Umfang als die beobachtbare Realität – sie enthält alle Möglichkeiten der Analogie. Dispenza sagt: „Stell Dir das Quantenfeld als eine einzige, riesige, unsichtbare Datenbank vor, auf deren Informationen Du über Dein zentrales Nervensystem zugreifen kannst." Der Zugang zu dieser immensen Kreativitätsressource erfolgt über eine kompatible Frequenz, gleiche oder ähnliche Schwingung durch:

- *Abziehen der Aufmerksamkeit von allem Materiellen in der dreidimensionalen Realität, als Niemand im Nirgendwo,*
- *Sehr präzise Formulierung des zu lösenden Problems in allen seinen physischen, psychischen, emotionalen und sensorischen Dimensionen,*
- *Untermauerung mit einer starken Emotion der Dringlichkeit des Bedarfs,*
- *Absenden der Anfrage im Alpha- oder Delta-Zustand,*
- *Nach einem Zeitabstand: Zuwendung zu einem anderen Thema.*

Die Antwort wird kommen, aber anders als erwartet. Und sie wird überraschen und kreativer sein, als erwartet – denn das Quantenfeld hat Humor.[70]

Auch der Kampf zur Befreiung Indiens von der englischen Kolonialherrschaft durch Mahatma Gandhi wurde sehr erfolgreich und sehr kreativ geführt. Vor wichtigen Entscheidungen zog sich Gandhi regelmäßig zur Meditation – oft über mehrere Tage – zurück und hatte dann eine sehr kreative, überraschende und erfolgreiche Lösung.

70 Kent, Lisa: *Morning Manifestation: Maintaining your Sense of Humor*, Youtube.

Schöpfung – Manifestation

Die um 1900 entwickelte Quantentheorie unterscheidet zwischen Quantenfeldtheorie und der Quantenmechanik. Die Quantenfeldtheorie beschreibt und untersucht das Universum, die Quantenmechanik die Beziehungen der Elemente in diesem Quantenfeld. Die Quantenphysik umfasst alle Phänomene und Effekte, die darauf beruhen, dass bestimmte Größen nicht jeden beliebigen Wert annehmen können, sondern nur feste, diskrete Werte (Quantelung). Dazu gehört auch der Welle-Teilchen-Dualismus, die Nichtdeterminiertheit von physikalischen Vorgängen und deren unvermeidliche Beeinflussung durch die Beobachtung. Urphänomen der Quantenphysik ist, dass erst durch die Beobachtung ein Potenzial im elektromagnetischen Feld sich materialisiert, also zur Materie wird. Wird die Beobachtung entzogen, wird die Materie wieder zu reinem Potenzial.

Dies ist diametral anders als in der newtonschen Physik, der zufolge etwas durch physische Einwirkung auf eine bereits bestehende Materie entsteht. Und diese Ursache-Wirkung-Relation hat unser gesamtes Weltverständnis und unsere gesamte Kultur geprägt. „Von nichts kommt nichts", „You have to put something in to get something out", „Ohne Ursache keine Wirkung", „Je mehr man investiert, umso mehr kommt heraus", sind Leitsätze, die treffend unser Weltbild beschreiben. Zwar sagte auch Einstein: „It´s the field that creates matter" – gewirkt oder bewirkt hat dies nichts.

Manifestationen sind sicherlich die schwierigste Form der Anwendung der spirituellen Intelligenz und diejenige, die dem westlichen Kulturkreis am fernsten liegen. Und dennoch „funktionieren" sie, wenn auch nicht in der newtonschen vorhersagbaren, einplanbaren und damit für einen industriellen Einsatz nutzbaren Weise.

Die populärste Anwendung ist sicherlich „The Silva Mind Control Method"[71] des mexikanischen Texaners mit Namen José Silva aus dem Jahre 1977, der aus ärmsten Verhältnissen ohne Schulbildung als Autodidakt ein weltweit erfolgreiches Persönlichkeitstrainingsprogramm entwickelte. Bei

---

71 Silva, José and Miele, Philip: *The Silva Mind Control Method*, New York, 1977.

ihm klangen Meditationstechniken an, Heilungserfolge und die Erfüllung von Wünschen an das Universum der einfacheren Art, wie das Auffinden verlorener Gegenstände und das Finden von Parkplätzen in überfüllten Städten. Im deutschsprachigen Raum gibt es eine umfangreiche populäre Literatur zum Thema „Theorie des Wünschens“ oder „Bestellservice beim Universum“[72] auf sehr ähnlicher Basis. Die berichteten Erfolge sind vielfältig: Berufserfolge, Geldsummen, Traumehepartner – es wird im Unterhaltungsprogramm der Fernsehsender darüber berichtet – allein die breite Durchdringung in der Öffentlichkeit hat dieses Phänomen nicht erreicht. Zu festgefügt ist die „Herrschaft der Logik“, und das damit verbundene Mindset.

Am 24. April 2011 starb der indische Guru Sathya Sai Baba, von dem nachweislich berichtet wird, er habe Heilasche, Blumen und Schmuckstücke materialisiert und sei zur gleichen Zeit an zwei verschiedenen Orten gewesen. In seinen beiden Ashrams Prashanti Nilayam und Brindavan hat er unter den kritischen Augen westlicher Wissenschaftler Geistheilungen durchgeführt. Er war unter anderem der Initiierungsmeister des bekannten kalifornischen Gurus Deepak Chopra. Folgende Vorgehensweise wird allgemein zur Manifestation empfohlen:

- *Versenkung in den Alpha- oder Delta-Zustand,*
- *Aktivierung des Herzchakras und Ausdehnung der Aura,*
- *Aussendung intensiver Gefühle der Dankbarkeit, des Mitgefühls und der Freude an das Universum,*
- *Definition, sehr konkret, einer Intention bis ins letzte emotionale Detail und Aussendung dieser Intention ins Universum,*
- *Ausleben, sehr konkret und im Detail, der Gefühle, die man empfindet, wenn der Wunsch erfüllt ist,*
- *Zuwendung, nach einem Zeitabstand, in Ruhe zu einem anderen Thema.*
- *Die Erfüllung wird zu einer unerwarteten Zeit und in unerwarteter Form kommen.*

72 Franckh, Pierre: *Erfolgreich Wünschen*, Burgrain, 2007.

Zirbeldrüsenaktivierung

Sobald wir als Bewusstsein die dreidimensionale Realität und die Welt der Sinne verlassen, haben wir Zugang zu Frequenzen, die Träger bestimmter Informationen sind, schneller schwingen als Materie und auch schneller sind als das Licht. Das Gehirn verarbeitet auf diesen Frequenzen Energie mit extrem hohen Amplituden.

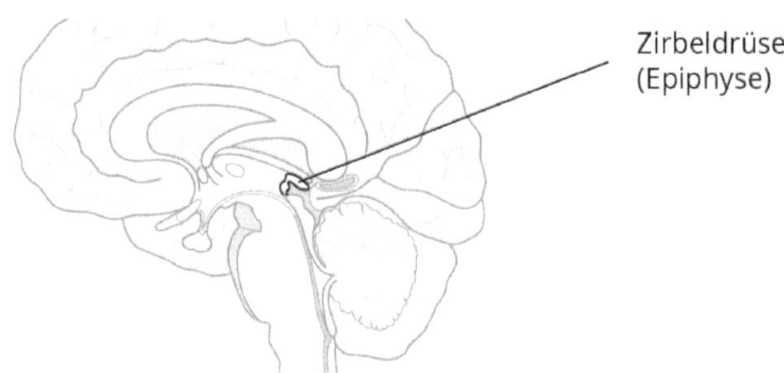

In diesem Zusammenhang kommt der Zirbeldrüse eine besondere Bedeutung zu: Sie dient quasi als „Antenne" zum Quantenfeld. Seit der Antike wird die Zirbeldrüse als „drittes Auge" von verschiedenen Kulturen als Organ außersinnlicher Wahrnehmung verehrt, als ein Fenster zu anderen Dimensionen: Sei es von den Mysterienschulen im alten Ägypten („Auge des Horus"), von den Schamanen in Tibet („Himmelsauge"), oder im Hinduismus („Fenster von Brahma"). Der deutsche Biophysiker Dieter Broers spricht in seinen Vorträgen von einem „Hirnorgan, das uns erst zu einem Menschen macht. Die Zirbeldrüse ist der Dirigent, der Hauptrhythmusgeber, der alle anderen Drüsen taktet und aufeinander abstimmt – quasi wie in einem riesigen Orchester."

Die Aktivierung und Öffnung des dritten Auges steigert Immunsystem, emotionale Intelligenz und Intuition, zudem Telepathie, Hellsehen, Hellfühlen und Hellhören. All dies sind Fähigkeiten, die normalerweise sogenannten „Sehern" und „Heilern" zugeordnet werden, Menschen mit höheren spirituellen Fähigkeiten. In den westlichen Kulturen ist die Zirbeldrüse normalerweise stark verkleinert „verklebt" oder „verkalkt". Im Zuge der Evolution hat sie sich reduziert von zunächst drei Zentimetern Durchmesser auf nun nur noch einige Millimeter. Bei Säuglingen ist sie relativ größer und schrumpft dann über die Zeit des Heranwachsens. Das weit verbreitete Fluor in den Zahncremes und im Trinkwasser und der uns umgebende Elektrosmog schaden ihr. Es erfordert intensive Meditations- und Atemübungen, um sie zu öffnen und zu aktivieren.

- *Meditation in den Alpha- oder Delta-Zustand idealerweise über alle Chakren,*
- *Tiefe Entspannung und Konzentration auf die Zirbeldrüse,*
- *Steigerung der Energie und Pressen der Rückenmarksflüssigkeit die Wirbelsäule hoch bis an die Drüse,*
- *Ausüben von Druck auf die Drüse zur Vibration der Zilien (Härchen),*
- *Entspannung,*
- *Wiederholung mehrere Male,*
- *Entspannung und Manifestation einer Aktivierung der Drüse.*

Steigerung des Bewusstseins

Die westliche Öffentlichkeit, speziell die wissenschaftliche Öffentlichkeit, hat sich traditionell schwergetan mit der Beachtung und der Würdigung der spirituellen Fähigkeiten und Leistungen indischer Gurus oder „Fakire". Diese höheren Grade der Intelligenz über den Weg der Spiritualität sind für den sachlichen, vernünftigen und rationalen Mainstream der westlichen Welt nur sehr schwer nachvollziehbar, geschweige denn akzeptabel. Dabei gab es seit jeher in Indien, Pakistan und Tibet Gurus und Fakire mit nachgewiesenermaßen extremen intellektuellen, spirituellen und körperlichen Fähigkeiten. Diese wurde jedoch über Randnotizen hinaus weder näher wahrgenommen noch gewürdigt. Ihre Existenz wurde gelinde gesagt negiert. Auch die spirituellen Fähigkeiten von Sai Baba wurden von US-amerikanischen Wissenschaftlern zwar beobachtet und „begutachtet", eine umfangreiche Analyse hat jedoch nicht stattgefunden. In seiner Veröffentlichung „Life and Teaching of the Masters of the Far East"[73], wohlgemerkt bereits aus dem Jahre 1924, schildert Baird T. Spalding die Expedition einer Gruppe von elf Wissenschaftlern in Indien, Tibet, China und Persien, beginnend 1894 über dreieinhalb Jahre. Er hielt die Veröffentlichung solange zurück, weil er die Zeit für nicht reif für eine derartige Schilderung hielt. Die Frage ist, ist sie es heute? Denn diese „Masters" sind nicht an unsere dreidimensionale Welt gebunden – sie leben in bis zu zwölf Dimensionen. Spalding schildert die Kommunikation über Gedankentransfer oder über abgesandte Vögel. Die Masters kommunizieren mit Tieren und mit Pflanzen, sie betreten Räume durch geschlossene Türen, sie werden 150, 200, 300 Jahre alt, gehen übers Wasser, materialisieren das Essen für ein großes gemeinsames Gastmahl, sie translozieren sich über eine Distanz von fünf Tagesreisen und zelebrieren Krankenheilungen von Lepra, Blindheit, Taubheit – und das alles durch die Konzentration auf ein besonderes Bewusstsein. Dieses Bewusstsein wird dargestellt als das Ergebnis einer lebenslangen Unter-

73 Spalding, Baird T.: *Life and Teachings of the Masters of the Far East, Volume one to six*, San Francisco, 1924.

weisung, eine Erziehung durch einen besonders befähigten Guru („Master“) verbunden mit jahrelanger intensiver Meditation. Zentraler Aspekt dieses Bewusstseins ist Liebe: Liebe zu den Mitmenschen ohne Ansehen der Person, Liebe zur Schöpfung zur Natur, zu den Tieren und den Pflanzen.

Bei der Aktivierung des Herzchakras, der Intuition, der Heilung und der Manifestation ist zum erfolgreichen Gelingen jeweils die intensive Aktivierung positiver Gefühle erforderlich. Dies sind Gefühle wie Dankbarkeit, Wertschätzung, Fürsorge oder Mitgefühl – letztendlich Liebe. Der Eintritt ins Quantenfeld über Alpha-, Theta-, Delta- und Gamma-Schwingungen ist nur über diese positiven Gefühle möglich. Negative Gefühle wie Angst, Hass, Destruktivität, Verachtung, Konkurrenz, Neid, Judgment und Fokus auf das Ego lassen den Menschen in den Beta-Wellen verharren. So hat der Menschen keinen Zugang zum Quantenfeld und zur Spiritualität, sondern er verharrt in der materialistischen, dreidimensionalen Welt.

In Anlehnung an die „Stufen des Bewusstseins“ von David R. Hawkins[74] wird versucht, diese Thematik des erweiterten Bewusstseins in einen umfassenderen Zusammenhang zu stellen. Unter anderem zum LOC, dem „Level of Consciousness“, der anhand elektromagnetischer Schwingungen in den Gefäßen gemessen wird.[75]

74 Hawkins, David R.: *Transcending, The Levels of Consciousness, The Stairway to Enlightment*, New York, 2006.

75 Goodheart, G.: *Applied Kinesiology*, Detroit,1976.
Walther, D.: *Applied Kinesiology: Synopsis*. Pueblo, Colorado, 1976.

Stufen des Bewusstseins

a.	Scham	Schuld	Hoffnungs-losigkeit	Kummer	Angst	Bedarf Begierde	Zorn Wut	Stolz	Mut
b.	*20*	*30*	*50*	*75*	*100*	*125*	*150*	*175*	*200*
c.	Depression Negativität Narzissmus	Rigidität Rechtfertigung Geiz	Defätismus Selbstsabotage Passivität	Frustration Bitterkeit	Stress Panik	Ausbeutung Konkurrenz Kontrolle	Rechthaberei Hass	Status Erfolg Ego	Kraft Optimismus
d.	1	4	5	9	10	10	12	22	55
e.	*LINKE Gehirnhälfte*								

westliche Welt

a. Emotion
b. LOC-Wert = Level of consciousness
c. Lebenseinstellung
d. Grad des Glücks
e. Gehirnbereiche

Der LOC zeigt auf den tieferen Stufen des Bewusstseins mit Werten bis 200 den an die linke Gehirnhälfte gebundenen Materialismus und die damit verbundenen negativen Gefühle. Aufbauend darauf erstreckt sich bis zu einer Stufe von 400 der Bereich der linken Gehirnhälfte, der „menschliche" Bereich des Bewusstseins mit neutralen bis positiven Gefühlen. Ab einem Bewusstseinsgrad von 400 bis 1000 und darüber hinaus dehnt sich der spirituelle Bereich als Intelligenzbereich des Herzens mit den ausschließlich positiven Gefühlen aus. Hier erstrecken sich wie oben dargelegt, nahezu unbegrenzte Potenziale der Intelligenz jenseits der drei Dimensionen.

Neutralität	Bereitwilligkeit	Annahme Glaube	Überzeugung	Liebe	Bedingungslose Liebe	Freude Entzücken	Friede Eintracht	Erleuchtung
250	*310*	*350*	*400*	*500*	*540*	*570*	*600*	*700 - 1000*
Toleranz Offenheit Selbstvertrauen	Entgegenkommen Hilfs- und Kooperationsbereitschaft	Gelassenheit Sense of Humour	Weisheit	Dankbarkeit Hingabe	Fürsorge Nächstenliebe	Euphorie Großzügigkeit Glücksgefühl	Selbstrealisierung	Erleuchtung Licht
60	68	71	79	89	96	99	100	100

RECHTE Gehirnhälfte *HERZ*

Hawkins hat in eigener Einschätzung und ohne Darlegung einer empirischen Messung den Grad des Glücks hinzugefügt. Seine Botschaft lautet, dass im Bereich des logischen Denkens das Glück nur in sehr geringem Maße anzutreffen ist. Die Wehklage von Fritz Zorn in „Mars"[76] ist hierfür ein beredtes Beispiel. Das Glück steigt erst mit den positiven Emotionen und der Spiritualität und schwillt dort exponentiell an. Dies erklärt auch die hohe Dichte an Psychiatern in wohlhabenden Ländern wie der Schweiz und den USA und die sprichwörtliche Glückseligkeit in den Klöstern im Himalaya. Welche Perspektive eröffnet sich für unsere westliche Welt!

---

76 Siehe S. 32.

10.

WELCHE KONSEQUENZEN HAT DIES FÜR DAS WESTLICHE DENKEN?

Logik und Potenzial

Der phänomenale Erfolg der Logik steht außer Frage. Zum ersten Mal wurde Wahrheit objektiv und zweifelsfrei definiert und anhand der Realität prüfbar. Die Logik bildete die Grundlage für einen mächtigen Aufstieg eines ganzen Straußes von Naturwissenschaften, die wiederum die Basis stellten für eine umfassende Industrialisierung und ein gewaltiges wirtschaftliches Wachstum. Eine stark voranschreitende Medizin und eine kunstdüngergetriebene Landwirtschaft ließen ebenfalls die Bevölkerungszahlen explodieren und führten schließlich zu einem industriellen Wirtschaftswunder und zu einer politischen Dominanz des Westens in der damaligen Welt.

Dabei wurden die offenkundigen Schwächen und Nebeneffekte der Logik nur allzu gerne übersehen oder sogar negiert: Die Knebelung des Denkens in ein geschlossenes System, dadurch der A-priori-Ausschluss jeglicher Kreativität, der simplifizierende Zwang der Realität in eine dichotome Polarisierung (wahr oder unwahr, richtig oder falsch, schwarz oder weiß statt gradueller Nuancen und „Graustufen") und die Betonung der Materie als Basis der Wahrheit bis hin zur Schaffung einer materialistischen Weltsicht.

In der philosophischen Weiterentwicklung durch im Wesentlichen Newton und Descartes führte dies zu einem mechanisch-materialistischen Grundtenor, der auch die Humanwissenschaften wie der Medizin dem Diktat der mechanistischen Logik unterwarf und das Zusammenleben der Menschen von der Vernunft, dominieren ließ. Diesem Postulat fielen unter anderem die Komplexität der menschlichen Psyche, die Emotionalität, die Intuition und die Spiritualität zum Opfer.

Diese Entwicklung hat zwar im kapitalistischen Materialismus zu einem bemerkenswerten Zuwachs von Wohlstand geführt – glücklicher gemacht hat es die Menschen nicht.

Diese offenkundigen Schwächen legen nicht nur eine Relativierung oder gar Auflösung des Absolutheits- und Ausschließlichkeitsanspruchs der Logik nahe. Wie die Eruierung und Darlegung der anderen Intelligenzen gezeigt haben, kompensieren diese anderen geistigen Fähigkeiten nicht nur die dysfunktionalen Nebenwirkungen der Logik. Sie eröffnen darüber hinaus Denkfreiheiten und öffnen den Weg für die Realisierung einer Reihe von bisher vernachlässigten oder völlig außer Acht gelassenen Intelligenzpotenzialen.

Die über den gesamten Körper verteilten und ihn umfassenden Elemente und Spielarten der autonomen Intelligenz sorgen selbstinduziert für die Gesundheit und das Wohlergehen des Körpers. Aktiviert durch gezielte Meditation sind sie in vielen Fällen der Schulmedizin überlegen, sofern man sie denn gewähren lässt. Das Immunsystem besiegt die schwersten und kompliziertesten Krankheiten. Durch Fasten wird es regelmäßig neu in Stellung gebracht.

Die emotionale Intelligenz und die Intuition verbessern den Umgang des Menschen mit sich und seinen Mitmenschen und ermöglichen die Entscheidungen unter Unsicherheit – einer sehr wichtigen Kompetenz, denn die mit Abstand häufigsten Fälle der Entscheidungsfindung geschehen unter Unsicherheit. Im Flow – der Leistung im emotionalen Rausch – wächst der Mensch über sich selbst hinaus. In der spirituellen Intelligenz gibt der Mensch seine Identität – das eigene Ego – auf und verbindet sich als reines Bewusstsein mit dem Universum. Möglich wird der Zugang über positive Emotionen wie Dankbarkeit und Liebe. Welch ein Kontrast zur egoistischen Welt der Logik!

In ihrer Fixierung der dreidimensionalen Welt auf die dazu gehörenden Emotionen und die Maximierung der Materie hat die Logik auch eine moralische Komponente, die zu einem ständigen Streben der Maximierung treibt – und unsere Umwelt stark belastet. Das Quantenfeld hingegen ist nur zugänglich über höhere, selbstlose Emotionen und transportiert damit eine höhere Moral.

Durch Meditation ins Quantenfeld werden die Heilungskräfte nochmals erheblich verstärkt und Fremdheilungen per Distanz werden möglich. Es eröffnet sich der Zugang zur Informationsdatenbank im Quantenfeld – zu allen jemals gedachten Gedanken – und damit zur schier unbegrenzten Kreativität. Die Schilderungen der Masters im Himalaya geben nur einen begrenzten Vorgeschmack von dem, was spirituell möglich ist. Gedanken schaffen Realität. Vor dem Hintergrund unserer wesentlichen Prägung stehen wir erst am Anfang einer Steigerung unseres Bewusstseins und den sich damit eröffnenden Potenzialen.

Dabei beschert die Verbindung mit dem Feld das größtmögliche Glücksgefühl: Eins zu sein mit dem Universum. Ein Gefühl, das weit größer als jeder Besitz beschrieben wird. Dieses Einssein stellt sich bei sehr tiefen Meditationen ein: Man möchte einfach nicht mehr in die Realität zurück. Auch bei entspannter Grundhaltung, bei einsamen Wanderungen allein in der Natur – im Wald, am Meer oder in den Bergen – blitzt dieses tiefe Glücksgefühl der Verbundenheit mit der Schöpfung und dem Universum auf. Ein unbeschreibliches Erlebnis, das man selbst erfahren muss.

Die Logik jedoch behauptet nach wie vor ihren Stellenwert in der materiellen Welt. Die fundierte medizinische Versorgung ist trotz ihrer Einschränkungen genauso wie die gute Infrastruktur und materielle „Segnung“ in allen Lebensbereichen eine hilfreiche und nützliche Basis.

Als mahnendes Beispiel sei hier die Schweiz angeführt, das Land mit dem höchsten Wohlstand pro Kopf der Bevölkerung und einem ausgeprägten Materialismus. Das entsprechend egoistische Gefühlsuniversum im Bereich der Beta-Schwingungen rechtfertigt die mit Abstand höchste Psychiaterdichte auf dem europäischen Kontinent – ähnlich wie in den USA. Nach den Schilderungen aus der oben genannten Biographie „Mars“ ist dies keine Überraschung.

Wir sollten uns daher der Grenzen der Logik bewusst sein und sie nur dort anwenden, wo sie sinnvoll ist, statt sie wie bisher überzustrapazieren und zum alles beherrschenden Denkprinzip zu erheben. Es ist an der Zeit, die schier unbegrenzte Fülle unserer anderen Möglichkeiten voll auszuschöpfen.

Änderung des Weltbewusstseins

Vor circa 500 Jahren änderte sich mit der Reformation und der Renaissance das Bewusstsein der damaligen Welt weg von der alles beherrschenden christlichen Dogmatik hin zum neuen Narrativ der Wissenschaftlichkeit basierend auf dem newtonschen und cartesianischen Prinzip der Logik. Somit folgte auf die Religions- und Kirchengläubigkeit die Wissenschaftsgläubigkeit mit dem Materialismus.

Diese Wissenschaftsgläubigkeit scheint mit der Entdeckung der Quantenphysik und dem Ende eines auf Ressourcenausbeutung ausgerichteten Materialismus nun einem natürlichen Ende zuzusteuern. Max Planck stellt in einem Vortrag zum Thema „Gibt es einen Gott?“ im Jahre 1900 fest, dass es bei allem Chaos des Urknalls und der Schöpfung offenbar einen ordnenden Geist gäbe.

Albert Einstein soll folgende Passage verfasst haben:

„There is an extremely strong force for which science has not yet found a formal explanation, it is a force that includes and regulates all others and which is even behind any phenomen that is active in the universe and has not yet been identified by us. This universal force is love. If the scientists were looking for a uniform theory of the universe, they forgot the invisible and most powerful of all forces... This force explains everything and gives life a sense in capital letters. This is the variable that we have ignored for too long maybe we are afraid of love because it is the only power in the universe that man has not learned to control according to his will."[77]

---

77 Daniel Levin, thriveglobal.com. Diese Passage soll aus einem von 1400 Briefen Einsteins stammen, die 1980 – 20 Jahre nach seinem Tod – an die Albert Einstein Archives der Hebrew University in Jerusalem übergeben wurden.

Beginnend seit dem Jahre 1960 berichten medial veranlagte Wissenschaftler über das Aufkommen eines neuen Weltbewusstseins in Richtung einer zunehmenden Spiritualisierung und Entnationalisierung sowie einer zusammenwachsenden „Weltmentalität". Der Vorschlag von Maharishi Yogi, das Weltbewusstsein durch gemeinsames Meditieren größerer Menschengruppierungen von 30.000 und mehr Personen zum Frieden und zu engerer Kooperation zu bewegen, gewinnt Resonanz über Kalifornien hinaus zu anderen Clustern wie London, Paris, Singapur, Tokio, Sidney, Bangkok und Berlin. In der jüngeren Generation der um die 20-Jährigen gibt es im Internet zunehmend Aufrufe zu weltweit großzahligen, gemeinsamen Meditationen, beispielsweise zur Rettung der Umwelt und gegen Kriege. Das Internet ist ein ideales Medium zur Orchestrierung derartiger Events. Und die Gefühls- und Motivationslage dieser Generation schöpft immer neue derartige Initiativen.

Die Extrapolation dieser bisher noch vergleichsweise vereinzelt und isoliert auftretenden Entwicklungen erweckt die schönsten und kühnsten Hoffnungen. Hier lässt sich der Denkansatz von Thomas Kuhn mit dem Paradigmenwechsel wieder aufnehmen.

Die Gegenentwürfe zur bisher vorherrschenden monolithischen Logikdominanz deuten einen anstehenden fundamentalen Paradigmenwechsel an: Es gibt heute eine große Anzahl von Protagonisten, die einer massiven Öffnung in Richtung einer erheblichen Erweiterung der Vorstellungen von Intelligenz bis hin zu einer Einbeziehung spiritueller Dimensionen in alle Lebensbereiche Vorschub leisten. Einhergeht damit eine entschiedene Abkehr von der egozentrierten negativen Gefühlswelt und eine Hinwendung zu einer positiven und menschlicheren Moral. Wie sonst ist es zu erklären, dass ein halbwüchsiges schwedisches Mädchen allein eine Weltbewegung zur Rettung der Umwelt ins Leben ruft und auf dem World Economic Forum in Davos den dort versammelten Führern der Welt massiv ins Gewissen redet.[78]

78 https://de.wikipedia.org/wiki/Greta_Thunberg

Seit rund 20 Jahren wächst nun die Zahl der Meditations- und Yogazentren in der westlichen Welt exponentiell. Damit werden die Grundvoraussetzungen für eine breite Bevölkerungsschicht zum Einstieg in die Spiritualität gelegt. Vor dreißig oder vierzig Jahren war dies noch undenkbar!

Spirituelle Lehrer wie Deepak Chopra, der Dalai Lama, Sadguru, Paramahansa Yogananda oder Sai Baba schreiben Weltbestseller. Einflussreiche, „konvertierte" westliche Wissenschaftler und Multiplikatoren wie Joe Dispenza, Bruce Lipton, Gregg Braden, Louise Hay, Brandon Bays, Dieter Broers, Brenda Davies, Daniel Goleman, David Hawkins, Lynne McTaggart, Rupert Sheldrake, José Silva, Eckart Tolle und viele weitere treiben durch ihre Veröffentlichungen, Vortragsveranstaltungen, Fernsehauftritte, Internetvideos, Podcasts und Blogs die öffentliche Diskussion und Meinungsbildung voran. Sie drängen sie massiv in Richtung einer Öffnung der Intelligenzdimensionen mit emotionaler und spiritueller Weite und zu einer Abkehr von der bisher vorherrschenden negativen Moral und Emotionalität. Sie weisen die Richtung zu einer gesünderen, „heileren" Physis und Psyche und insgesamt einer „heileren" und – wie wir zuletzt gesehen haben – auch zu einer glücklicheren Welt.

Literaturverzeichnis

ALEXANDER, EBEN:

- Blick in die Ewigkeit: Die faszinierende Nahtoderfahrung eines Neurochirurgen, New York, 2012.

ARMOUR, J.,A.,:

- Anatomy and Function of the intrathoractic Neurons Regulations the Mammalian Heart, in: Zucker, I.,H., and Gilmore, J.,P., Hrsg., Reflex Control of the Circulation, Boca Raton, 1998, S. 1 - 37.

BANZHOF, HARALD, SCHMIDT, STEFAN:

- Meditieren heilt: Vorbeugen und Gesundwerden durch Achtsamkeit, Berlin, 2018.

BAYS, BRANDON:

- The Journey: An extraordinary guide for healing your life and setting yourself free, London, 1999.
- Freedom is: Liberating your boundless potential, Cambridge, 2006.

BEAUREGARD, MARIO:

- Brain Wars, The Scientific Battle Over the Existence of the Mind and the Proof That Will Change the Way We Live Our Lives, New York, 2012.

BEAUREGARD, MARIO & DENYSE O`LEARY:

- The Spiritual Brain, A Neuroscientist`s Case for the Existence of the Soul, New York, 2007.

BECKER, VOLKER J.:

- Gottes geheime Gedanken, München, 2008.

BHAGAVADGITA:

- Das Lied der Gottheit, Stuttgart, 1955.

BIESE, FRANZ:

- Die Philosophie des Aristoteles, Logik und Metaphysik, Berlin, 1835.

BORING, EDWIN:

- https://www.planet-wissen.de/gesellschaft/lernen/intelligenz/pwwbintelligenz100.html

BRADEN, GREGG:

- Tiefe Wahrheiten: Ursprung, Geschichte, Bestimmung und Schicksal der Menschheit, Burgrain, 2011.
- The Divine Matrix, Carlsbad, 2008.
- Walking between the worlds, Bellevue, 2005.
- The God Code: The secret of our past, the promise of our future, London, 2004.
- The spontaneous healing of belief, Carlsbad, 2008.
- The science of self-empowerment, New York, 2017.
- Das Erwachen der neuen Erde, Bellevue, 1993.

BROERS, DIETER:
- Checkliste Energie, München, 2011.
- Der Glückscode: Die kosmischen Quellen für Selbsterkenntnis, Liebe und Partnerschaft, München, 2010.
- „R"evolution 2012: Warum die Menschheit vor einem Evolutionssprung steht, Berlin/ München, 2009.
- Gedanken erschaffen Realität: Die Gesetze des Bewusstseins, Berlin/München, 2010.

BROOKS, DAVID:
- The social Animal, New York, 2011.

BUCHER, ANTON A.:
- Psychologie der Spiritualität, Weinheim, 2007.

BÜSSING, ARNDT, KOHLS NIKO (HRSG.):
- Spiritualität transdisziplinär, Berlin/Heidelberg, 2011.

CAPRA, FRITJOF:
- Das Tao der Physik, Die Konvergenz von westlicher Wissenschaft und östlicher Philosophie, Frankfurt, 2008.

CHANDLER, KEITH:
- PSI: What it is and How it works, Lincoln, 2001.

CHILDRE, D.,L., MARTIN, H., BEECH, D.:
- The HeartMath Solution: The Institute of HearthMath´s Revolutionary Program for Engaging the Power of the Heart´s Intelligence, San Francisco, 1999.

CHRISTENSEN, CLAYTON, M.:
- The Innovators Dilemma: Warum etablierte Unternehmen im Wettbewerb um bahnbrechende Innovationen verlieren, München, 2011.

CHURCH, D., YOUNT, G., RACHLIN, K., FOX, L. & NELMS, J.:
- Epigenetic effects of PTSD remediation in veterans using Emotional Freedom Techniques: A randomized controlled pilot study, in: American Journal of Health Promotion, 1-11. Doi. 1177/0890117116661154.

CHURCH, DAWSON:
- Mind to matter: the astonishing science of how your brain creates material reality, Carlsbad, 2018.

CHOPRA, DEEPAK:
- Quantum Healing, exploring the frontiers of mind/body medicine, New York, 1989.
- Ageless Body, Timeless Mind: The Quantum alternative to growing old, New York, 1993.
- Lerne lieben, lebe glücklich: Der Weg zur spirituellen Liebe, Frankfurt, 2012.
- Feuer Im Herzen: Eine spirituelle Reise, Zürich, 2010.
- Das Buch der Lösungen, München, 2012.
- How to know God: The Soul´s Journey into the Mystery of Mysteries, New York, 2000.

CSIKSZENTMIHALYI, MIHALY:
- Flow im Beruf: Das Geheimnis des Glücks am Arbeitsplatz, Stuttgart, 2004.

DAHLKE, RÜDIGER:
- Wenn wir gegen uns selbst kämpfen: Die seelischen Muster hinter Infektionen, Allergien, Hyperaktivität bis zu Impfproblemen, München, 2015.
- Der Körper als Spiegel der Seele, München, 2009.

DAHLKE, RÜDIGER, HÖSSL, ROBERT:
- Verdauungsprobleme: Be-Deutung und Chance von Magen- und Darmsymptomen, München, 2001.

DARWIN, CHARLES:
- On the Origin of Species by Means of Natural Selection, or, The Preservation of Favoured Races in the Struggle for Life, London, 1859.
- The Descent of Man, New York, 1998.

DARWIN, F., (HRSG.):
- Charles Darwin: Life and Letters, London, 1919, Brief an Moritz Wagner 1876.

DAVIES, BRENDA:
- Chakras, Tore zur Seele, München, 2007.

DAWKINS, RICHARD:
- Science in the Soul, New York, 2017.
- The God Delusion, London, 2006.

DAY, LAURA:
- Practical Intuition, New York, 1996.

DE BONO, EDWARD:
- I am right you are wrong: From this to the new Renaissance: From Rock Logic to Water Logic, Harmondsworth, 1990.
- Lateral thinking, New York, 1970.
- Po: beyond yes and no, New York, 1972.
- Six thinking hats, Toronto, 1985.
- The mechanisms of mind, New York, 1969.
- Textbook of wisdom, Harmondsworth, 1996.

DEHAENE, STANISLAS:
- Consciousness and the Brain. Deciphering how the bran codes our thoughts, New York, 2014.

DEMARELS, URSULA:
- Wer war ich im Vorleben?: Die positive Wirkung Spiritueller Rückführungen, München, 2009.

DETHLEFSEN, THORWALD:
- Schicksal als Chance, das Urwissen zur Vollkommenheit des Menschen, München, 1979.

DESCARTES, RENÉ:
- Discourse of the method of rightly conducting one`s reason and seeing of truth, Frankfurt, 2020.
DISPENZA, JOE:
- Becoming supernatural, New York, 2019.
- You are the placebo, New York, 2014.
- Evolve your brain, Deerfield beach, 2007.
EAGLEMAN, DAVID:
- Sum: Forty tales from the afterlives, New York, 2009.
EINSTEIN, ALBERT:
- Briefe, Zürich, 1981.
- Einstein sagt, München, 1997.
- Über die spezielle und die allgemeine Relativitätstheorie, Heidelberg, 2012.
EINSTEIN, PATRICIA:
- Intuition, The Path To Inner Wisdom, Victoria, 1997.
FEUERBAUM, ERNST:
- Evolution der Religionen und der Religiosität, Füssen, 2011.
FRANCKH, PIERRE:
- Erfolgreich Wünschen, Burgrain, 2001.
FROBÖSE, ROLF:
- Der Lebenscode des Universums: Quantenphänomene und die Unsterblichkeit der Seele, München, 2009.
GARDNER, HOWARD:
- Frames of Mind: The Theory of Multiple Intelligences, New York, 1983.
- Multiple Intelligences: The Theory in Practice, New York, 1993.
- Multiple Intelligences: New Horizons, New York, 1993.
- 5 Minds of the Future, New York, 2008.
GIGERENZER, GERD:
- Risiko: Wie man die richtigen Entscheidungen trifft, München, 2014.
- Bauchentscheidungen: Die Intelligenz des Unterbewusstseins und die Macht der Intuition, München, 2008.
GODDARD, NEVILLE:
- Die Macht des Bewusstseins, München, 2003.
GOODHEART, G.:
- Kinesiology, 12th ed., Detroit, 1976.
GOSWAMI, AMIT:
- Das bewusste Universum: Wie Bewusstsein die Materielle Welt erschafft, Stuttgart, 1997.

GREENE, BRIAN:
- Die verborgene Wirklichkeit: Paralleluniversen und die Gesetze des Kosmos, München, 2012.

GRUBE, UDO:
- Mein Weg zum bewussten Leben, Stuttgart, 2013.

GOLEMAN, DANIEL:
- Emotional Intelligence: Why it can matter more than IQ, New York, 1995.

HAISCH, BERNARD:
- Die verborgene Intelligenz im Universum, Amerang, 2018.

HARARI, YUVAL NOAH:
- Sapiens: A brief history of humankind, London, 2011.
- Homo Deus: A brief history of tomorrow, London, 2015.
- 21 Lessons for the 21st century, London, 2018.

HARNER, MICHAEL:
- Der Weg der Schamanen, München, 1980.

HAWKINS, DAVID R.:
- Transcending the levels of consciousness: The Stairway to Enlightenment, New York, 2006.
- Healing and Recovery, New York, 2015.
- Power vs. Force: The hidden determinants of human behavior, New York, 2002.
- Truth vs. Falsehood: How to tell the difference, Sedona, 2005.

HAWKINS, JEFF, BLAKESLEE, SANDRA:
- On Intelligence, New York, 2004.

HEISENBERG, WERNER:
- Das Naturbild der heutigen Physik, Hamburg, 2018.
- Quantentheorie und Philosophie, Ditzingen, 1979.

HOFSTÄTTER, PETER R.:
- Gruppendynamik. Kritik der Massenpsychologie, Hamburg, 1971.

HUXLEY, ALDOUS:
- Die ewige Philosophie, Roßdorf, 2018.

JÜTTE, ROBERT:
- Interview, Deutsches Ärzteblatt, Jg. 107 Heft 28 - 29, Juli 2010.

ILGEN, FLORIAN:
- Die Macht der Intuition, Grünwald, 2019.

IMHOF, BEAT:
- Wohin unsere letzte Reise geht: Die Rückkehr in die jenseitige Heimat, Grafing, 2018.

JAWE, MICHAEL A., MOCOZZI, MARC S.:
- Die geheime Macht der Gefühle: Über die spirituelle Dimension unserer Emotionen, München, 2010.

KAHNEMANN, DANIEL:
- Schnelles Denken, Langsames Denken, München, 2012.
KAKU, MICHIO:
- The Future of the Mind: The scientific quest to understand, enhance, and empower the mind, New York, 2014.
KATTERBACH, ANGELIKA:
- Radionik einfach und für alle, München, 2010.
KELLER, CHRISTA, SCHMIDT, MARKUS:
- Spirituelle Philosophie: Wissen der Orden in Asien und Europa, Norderstedt, 2013.
KILIAN, ANDREAS:
- Die Logik der Nicht-Logik: Wie Wissenschaft das Phänomen Religion heute biologisch definieren kann, Aschaffenburg, 2010.
KOCH, CHRISTOF:
- Consciousness: Confessions of a Romantic Reductionist, Cambridge, 2012.
KOHL, CHRISTIAN THOMAS:
- Buddhismus und Quantenphysik: Schlussfolgerungen über die Wirklichkeit, Airang, 2004.
KOTLER, STEVEN, WHEAL, JAMIE:
- Stealing Fire: How Silicon Valley, the Navy SEALs, and Maverick Scientists are Revolutionizing the Way We Live and Work, New York, 2017.
KUHN, THOMAS S.:
- Die Struktur wissenschaftlicher Revolutionen, Frankfurt, 1967.
LAMARCK, J.-B. P.A. DE M, CHEVALIER DE:
- Zoological Philosophy: An exposition with Regard to the Natural History of Animals, London, 1914, Erstveröffentlichung Paris, 1809.
LASLO, ERWIN:
- Der Akasha-Code, Peersberg, 2011.
LAY, RUPERT:
- Meditationstechniken für Manager, Methoden zur Persönlichkeitsentfaltung, München, 1976.
LEVIN, DANIEL:
- www.thriveglobal.com
LIPTON, BRUCE:
- Intelligente Zellen: Wie Erfahrungen unsere Gene steuern, Dorfen, 2018.
- Biology of Belief: Unleashing the Power of Consciousness, Matter and Miracles, New York, 2015.
LIPTON, BRUCE, BHAERMAN, STEVE:
- Spontaneous Evolution, Carlsbad, 2009.
LOMMEL, PIM VAN:
- Endloses Bewusstsein: Neue medizinische Fakten zur Nahtoderfahrung, München, 2007.

MAHARAJ, M.E.:
- Differential gene expression after Emotional Freedom Techniques (EFT) treatment, A novel pilot protocol for salivary mRNA assessment, in: Energy Psychology: Theory, Research and Treatment, 8 (1), 17 - 32. Doi: 10.9769/EPJ.2016,8,1,MM.

MAI, ANNA:
- Drittes Auge öffnen: Wirkungsvolle Techniken zum Öffnen des Dritten Auges, zur Reinigung der Zirbeldrüse und zur Erweiterung des Bewusstseins, Berlin, 2018.

MARX, SUSANNE:
- Herzintelligenz Kompakt, Kirchzarten, 2018.

MCKENNA, TERENCE; ABRAHAM, RALPH:
- Denken am Rande des Undenkbaren, München 1995

MECKELBURG, ERNST:
- Wir alle sind unsterblich. Der Irrtum mit dem Tod, München, 1997.

MEDICUS, KLAUS P.:
- Quanten-Intelligenz: Kraftvolle Überzeugungen auf Zellebene aktivieren, Burgrain, 2012.

MEINHOLD, WERNER J.:
- Der Wiederverkörperungsweg eines Menschen durch die Jahrtausende, Reinkarnationserfahrung in Hypnose, Mannheim, 2010.

MICHELSON, ALBERT A., MORLEY, EDWARD D.:
- On the relative motion of the earth and the luminiferous ether, American Journal of Science, vol. 34, no. 203 (November 1897), pp.333-45.

MOODY, RAYMOND A.:
- Leben nach dem Tod, Die Erforschung einer unerklärlichen Erfahrung, Hamburg, 1977.

NEWTON, ISAAC:
- The Mathematical Principles of Natural Philosophy, New York, 1846.

PERT, CANDICE:
- Molecules of Emotion: The Science Behind Mind-Body Medicine, New York, 1997.

POPPER, KARL:
- Logik der Forschung: Zur Erkenntnistheorie der Modernen Naturwissenschaft, Wien, 1935.

POPPER, KARL R., ECCLES, JOHN:
- Das Ich und sein Gehirn, Heidelberg, 1977.

RICARD, MATTHIEU; SINGER, WOLF:
- Beyond the Self: Conversations between Buddhism and Neuroscience, Cambridge, 2017.

ROTH, GERHARD:
- Das Gehirn und seine Wirklichkeit: Kognitive Neurobiologie und ihre philosophischen Konsequenzen, Frankfurt, 1994.

RUSSELL, BERTRAND:
- Philosophie des Abendlandes, München, 2004.
- Russell on Religion, London, 1999.
- The Problems of Philosophy, London, 1912.

SAI BABA, SATHYA:
- Der Weg nach innen – Sadhana, Dietzenbach, 2010.

SCHUSTER, DIETER:
- Warum der Mensch unsterblich ist, Köln, 2018.

SHELDRAKE, RUPERT:
- Sieben Experimente, die die Welt verändern könnten, Frankfurt, 2005.
- Das schöpferische Universum, München, 1984.
- Das Gedächtnis der Natur, Bern/München/Wien, 1991.

SILVA, JOSÉ, MIELE, PHILIP:
- The Silva Mind Control Method, New York, 1977.

SILVERTOOTH E.W.:
- Special Relativity, in: Nature, vol. 322, no. 6080 (August 1986), p. 590.

SINGER, MICHAEL A.:
- Die Seele will frei sein, Winterthur, 2009.

SPALDING, BAIRD T.:
- Life and Teaching of the Masters of the Far East, Volume 1-6, Camarillo, 2010.

STEMME, FRITZ:
- Die Entdeckung der Emotionalen Intelligenz. Über die Macht unserer Gefühle, München, 1997.

STEVENSON, IAN:
- Reinkarnation in Europa, Dokumentierte Fälle, Grafing, 2014.

SUDHOFF, HEINKE:
- Ewiges Bewusstsein: Vierzig Zeitreisen durch Urgeschichte und Unendlichkeit, München, 2005.
- Adams Ahnen: Das Wissen der alten Kulturen im Licht moderner Wissenschaft, Wien, 2013.

TAKHASHI, K., KANEKO, I., DATE, M. & FUKAA, E.:
- Effect of pulsing electromagnetic fields on DNA synthesis in mammalian cells in culture, in: Experientia, 42(2), 1986, S. 185 f.

TOLLE, ECKHART:
- A new Earth: Awakening your life`s purpose, New York, 2010.

VILLOLDO, ALBERTO:
- Schamanische Schöpferkraft: Wie wir unsere Lebensvision Wirklichkeit werden lassen, New York, 2018.
- Das geheime Wissen der Schamanen: Wie wir uns selbst und andere mit Energiemedizin heilen können, München, 2001.

VIRCHOW, RUDOLF:
- https://de.wikipedia.org/wiki/Rudolf_Virchow

VON DREIEN, BERNADETTE:
- Christina, Zwillinge als Licht geboren, Rheinau, 2019.
- Christina, Die Vision des Guten, Rheinau, 2019.

VON DREIEN, CHRISTINA:
- Christina, Bewusstsein schafft Frieden, Rheinau, 2020.

WALSH, ROGER N.:
- Der Geist des Schamanismus, Zürich/Düsseldorf, 1992.

WALTHER, D.:
- Applied Kinesiology: Synopsis. Pueblo, Colorado, 1976.

WARNKE, ULRICH:
- Quantenphilosophie und Spiritualität: Der Schlüssel zu den Geheimnissen des menschlichen Seins, München, 2015.
- Quantenphilosophie und Interwelt: Der Zugang zur verborgenen Essenz des menschlichen Wesens, München, 2017.

WOLLSCHLÄGER, FABIAN:
- Manifestieren ist (k)eine Kunst: Mit der energetischen Metamorphose das Gesetz der Anziehung richtig nutzen, Emmerich, 2019.
- Emotionale Intelligenz: Wie wir die Kontrolle über unsere Gefühle zurückgewinnen, Emmerich, 2019.

ZORN, FRITZ:
- Mars, „Ich bin jung und reich und gebildet, und ich bin unglücklich, neurotisch und allein…", München, 1977.

ZUKAV, GARY:
- The Seat of the Soul, New York, 1989.

Stichwortverzeichnis

Grafik- und Bildnachweis

DANK

Wenn man sich literarisch auf ein derart ambitioniertes neues Feld begibt, ist es eine große Hilfe, die Erkenntnisse und Schlussfolgerungen mit mental offenen, zugleich kompetenten und äußerst kritischen Freunden – idealerweise mit multidisziplinärem Hintergrund – zu diskutieren.

Ich bedanke mich unter anderem bei:

Prof. Dr. Heik Afheldt, Dr. Ekkehard von Brasch, Svein Engenes, Hartwig Forck, Dr. Maria Jagla, Günter Jordan, Carsten Kraus, Anja Mainzer, Dietrich Neumann, Dr. Günter Okon, Niko Soellner, Klaus Thiemann und Dr. Volker Triebel.

Caroline Helbing sorgte für ein hochkompetentes, einfühlsames und engagiertes Lektorat und steuerte die Veröffentlichung im Eigenverlag.

Jeder, jedem Einzelnen bin ich überaus dankbar.

DER AUTOR

DR. RER. OEC. FRITZ KRÖGER, Jahrgang 1944, studierte Betriebswirtschaft und Wissenschaftstheorie.

1973 Promotion über Soziale Macht.

1976 - 2009 Management Consultant.

In dieser Zeit Veröffentlichung von 9 Büchern in bis zu 9 Sprachen – unter anderem die Bestseller „After the Merger“ und „Merger Endgames“.

Er lebt in Berlin und auf Gut Drosedow in Mecklenburg.